知识管理：
实现模式与能力评价

Knowledge Management

The Implementing Mode and Capability Evaluation

索柏民　著

本书提出的基于"环境—流程—能力"的观点所构建的企业知识管理模式，恰好是解决现代企业在知识管理实施过程中所遇到的对知识管理的对象认识不清等问题和困难的一种可能的有效手段。为此，本书尝试把知识环境因素明确地引入到知识管理中，研究在知识管理中通过集成环境因素、再造知识流程问题和困难……

中国社会科学出版社

图书在版编目（CIP）数据

知识管理：实现模式与能力评价/索柏民著 . —北京：中国社会科学出版社，2009.6
ISBN 978 - 7 - 5004 - 7820 - 1

Ⅰ. 知⋯　Ⅱ. 索⋯　Ⅲ. 知识经济—应用—企业管理
Ⅳ. F270

中国版本图书馆 CIP 数据核字（2009）第 082279 号

策划编辑　卢小生（E - mail：georgelu@ vip. sina. com）
责任编辑　卢小生
责任校对　刘　娟
封面设计　杨　蕾
技术编辑　李　建

出版发行　中国社会科学出版社
社　　址　北京鼓楼西大街甲 158 号　　　邮　编　100720
电　　话　010 - 84029450（邮购）
网　　址　http：//www. csspw. cn
经　　销　新华书店
印　　刷　北京新魏印刷厂　　　　　　　装　订　丰华装订厂
版　　次　2009 年 6 月第 1 版　　　　　印　次　2009 年 6 月第 1 次印刷
开　　本　710 × 1000　1/16　　　　　　插　页　2
印　　张　11　　　　　　　　　　　　　印　数　1—6000 册
字　　数　180 千字
定　　价　25.00 元

目　　录

第一章　企业知识管理研究的
相关问题

第一节　我国的企业知识管理研究回顾

一、我国企业知识管理实施问题的提出

知识管理自 1998 年伴随知识经济进入我国，尽管在理论与实践方面都取得了一定的成绩，并且时至今日仍然是管理领域的热点研究问题，但是，在企业管理实践中却没有获得企业界广泛的了解、很好的接受和充分的利用。从国家社会科学基金项目《中外企业再造中的知识管理模式比较研究》（02BJY042）中的调查数据（见图 1.1）可以了解到，对于知识管理概念的出现，企业界有一定的了解，并且认识到它是一种新的管理理论。但是，对于知识管理究竟包含哪些内容和如何有效实施等问题，还缺乏真正的了解和认识，即使有一些认识，其认识与评价的标准也是传统的。例如，在回答"知识管理的重点内容是什么"的问题时，38.8% 的企业员工认为，"对与企业有关的知识实施统一管理"，有 20.0%、18.0%、10.0%、6.0%、2.0% 和 6.0% 的企业员工分别认为"对知识的形成、引进与交流实施统一管理"、"对企业员工学习知识和利用知识的行为实施统一管理"、"对客户信息实施统一管理"、"对无形资产（如商标、专利等）知识实施统一管理"、"对企业员工的个人知识的开发实施统一管理"、"对其他方面的知识实施统一管理"或"说不清"。

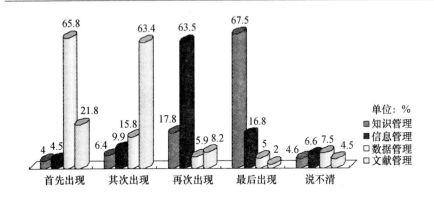

图 1.1　对管理概念出现时间顺序的认识

数据来源：国家社科基金项目《中外企业再造中的知识管理模式比较研究》（02BJY042）。

这样，一方面我们需要进一步了解，目前我国企业对于知识管理是否存在需求？另一方面，我们也有必要知道，在我国企业中是否存在真正意义上的知识管理？企业知识管理的能力怎样？企业应该如何去有效实施知识管理？等等。能够较圆满地对这些问题做出解答，将促使我们对知识管理的相关概念及研究进展等问题做出更为深入的分析。而对以上问题分析的重点则无可争辩地落在企业对自身知识管理能力的认知上面。

二、我国企业知识管理实现的现状

进入 20 世纪 90 年代，企业的生产经营活动更多地呈现出高技术的特征。特别是随着以知识资源的生产、占有、配置和消费为主导的知识经济时代的到来，知识作为一种新型资源在企业中发挥着超乎以往的更为重要的作用，现代企业正在朝着信息化和知识化方向发展，已经开始导入和实施知识管理的一系列活动。目前，企业关于知识管理的一些实践活动主要是围绕企业文化、信息技术及组织设计等领域展开的。

（一）企业文化建设对知识管理实现的影响

几乎所有正在推行知识管理的企业或企业管理者都承认，知识管理并不是简单地应用一些信息技术，而是要同时建立整个企业范围内渗透于每个业务领域的学习型文化。知识管理不仅需要企业管理方式的改变，而且需要人们工作方式和思维方式的变革。因此，企业要想有效地实施知识管理，不仅要具备必要的硬件设施和软件系统，还要求企业领导层转变观念和提高认识，把企业知识的培育和管理作为获得竞争优势的重要手段，建立有利于企业知识共享和增值的企业文化，鼓励员工与他人共享自己拥有的知识，并促使员工将知识转化为有利于企业发展的生产力。在这一方面，巴克曼实验室（Buckman Labs）走在其他企业的前面。如在建立一个支持其全球营销活动的知识网络时，巴克曼实验室首席执行官鲍伯·巴克曼（Bob Buckman）深刻地认识到这一点，仅凭经验判断，他便能肯定企业所从事的知识管理项目的 90% 的活动内容属于文化变革。因此，要成功地开展知识管理，改变人与人之间相互作用的方式是先决条件①。

（二）现代信息技术对知识管理实现的影响

虽然知识管理并不是一项纯粹的技术活动，但缺少强大的现代信息技术的支持，企业将很难在知识经济环境中生存并取得竞争优势。现代信息技术尤其是面向知识管理的技术是一个推进器（Facilitator），无论是处理显性知识与隐性知识，还是以一种适合的形式向用户和业务活动需要提供知识，它都会发挥十分重要的作用②。为此，美国 IBM 公司将知识管理技术分为以下几个大类③：（1）商业情报技术（Business Intelligence，BI），旨在描述业务流程，能够对所获信息进行综合并进而改善组织决策，包括数据挖掘技术（Data Mining，DM）、数据仓库技术（Data Warehousing，DW）、联机分析处理技术（On - line Analyzing and Processing，OLAP），以及其他能从存储的数据中提取有价值知识的先进技术。（2）知识发现技术（Knowledge Discovery，KD），包括能从文本源提取知识的文本采掘技术（Text Mining，TM）和能依据人与信息之间的关系描述知识的知识地图技术。（3）专门知识定位技术（Expertise Location，EL），是指能够发现、编目并提供公司决策所需的内部最佳经验的技术。（4）合作技术（Collaboration），是指能够使员工共享他们的信息、经验、专长及见识的技术，这种技术能进一步丰富员工的隐性知识并促进创新。（5）知识传递技术（Knowledge Transfer，KT），是指能够扩展知识与技能传递范围的技术，这种技术使虚拟团队能在相当高的组织水平上进行工作，而不必考

---

① 陈锐：《公司知识管理》，山西经济出版社 2000 年版，第 86 页。
② 同上。
③ 杨春立：《产品知识管理系统研究》，大连理工大学博士论文，2004 年 12 月。

虑其成员的地理分布。

（三）组织设计对知识管理实现的影响

知识管理是一项与人打交道而非与技术打交道的信息管理活动，处于一种知识导向型文化中的人的发展是知识管理成功的关键因素，组织内人际之间、团队之间知识流的管理是知识管理关注的焦点，其主要工作内容是相关知识的识别、收集、组织和传播，正是这些知识的充分利用为企业提供了可能的竞争优势。尽管信息技术能够将员工之间相互联结起来，并能将员工与企业知识库联系起来，从而使员工能够共享知识、经验与技能，但对企业业务内容及其流程的理解更能使知识管理紧紧围绕对企业至关重要的知识流来开展活动。

知识管理实现的主要思路在于组织结构的合理设计、业务流程的调整、知识导向型组织文化的培育以及强大的知识管理技术基础设施，以建立一种交流、学习、应用知识和创新的环境与机制，其中组织结构设计与业务流程调整方面的内容最为广泛，合理的知识管理组织制度安排、流程设计以及其他围绕知识管理进行的组织机构改革对知识管理的顺利实现具有特殊的意义[1]。在组织结构设计方面，美国福特（Ford）汽车公司做得卓有成效，它利用团队方式发现并解决业务问题，进而将其成功经验在全公司范围内推广，仅此一项就为公司节约了约 2.3 亿美元，并大大刺激了富有价值的新观念的产生。福特公司相信凭借其持续地收集和传播公司最佳实践为核心的业务创新设计，在未来五年内至少可为公司节约费用 10 亿美元。

三、我国企业知识管理中存在的问题

（一）我国企业知识管理实施中存在的问题

尽管知识管理在现代企业运营中发挥着越来越重要的作用，而且许多企业已经开始着手导入知识管理，但通过相关的企业知识管理调查（国家社会科学基金项目，02BJY042），我们还是发现了一些困扰企业知识管理有效实施的问题，这些问题主要表现在以下几个方面：

1. 思想与行为上的差异性

知识管理作为先进的管理模式，虽然已经在我国一些企业中得到了重视，但是在企业员工中普遍存在着思想上的认同与在行为上缺乏认真实践

---

[1] 陈锐：《公司知识管理》，山西经济出版社 2000 年版，第 125 页。

的矛盾现象。这是企业在引入知识管理过程中必须认真加以解决的问题。

2. 行为模式的潜意识性

大多数企业在实际工作中已经表现出了一些知识管理的内容，但是具有明显的不自觉性和潜意识性，具体表现是目前企业的知识管理实践尚未形成一种公认的、系统的知识管理的行为模式。因此，引入和实施知识管理系统需要努力提升企业知识管理的认知水平。

3. 导入知识管理的必然性

知识管理进入企业是一个必然性过程。这样的结论性认识并不能仅仅认为是一个理想化的认识，它是一种具有现实意义的认识。这种现实意义的具体表现是：（1）国际上许多企业已经比较广泛地开展了知识管理理论研究和实践探索，并积累起了许多令人信服的"知识"，这些"知识"可以为我国企业导入和实施知识管理提供宝贵的借鉴。（2）在我国企业的管理实践中，已经引入了许多知识管理的要素，并积累了一些很有价值的经验，为我国企业全面、系统地导入和实施知识管理的实践做了思想上和物质上的准备。因此，知识管理是一种诱人的、不可拒绝的、具有现代意义的管理模式和管理方法。

4. 普及知识管理的重要性

普及知识管理是社会和企业的共同任务。这个任务的主要内容是：（1）在社会和企业层面应通过培训、媒体宣传等方式，广泛传播知识管理的理论和知识管理的实践经验。（2）企业应在发展过程中，根据实际情况，制定知识管理战略，建设知识管理系统。这些战略和系统可以在企业全局范围内实施，也可以在企业某个部门中实施，还可以在企业的某个项目中逐步展开实施。（3）知识管理的社会培训是一项很重要的工作任务，为此，企业和社会应进行超前性的准备，大力推进知识管理人才的专业化进程。

从调查中发现的问题，我们认识到企业知识管理的实现往往不是一蹴而就的，它需要一个长期的过程。企业在实施知识管理过程中，经常会在知识环境因素、业务流程的知识化以及知识管理能力认知方面遭遇许多预料不到的困难和问题，如缺乏相关的组织因素支持、知识导向型文化不健全、对自身知识管理能力认识不足，等等。本书重点从企业知识环境因素构成、业务流程的知识化等方面入手帮助企业全面认识、分析和评价企业知识管理能力。

（二）我国企业知识管理实施中的知识环境问题

知识环境因素是制约知识管理实现的一系列知识系统外部因素的集合。目前，企业在实施知识管理时，从知识环境因素角度主要遇到了下列问题和困难：

1. 对知识管理的对象认识不清

企业在实施知识管理的过程中，一方面，缺乏对知识的有效分类组织，如知识分类结构不合理，产品设计文档、工艺文件、员工经验技巧等混杂在一起，隐性知识和显性知识不能加以合理分类和组织，且不能揭示不同知识在过程、产品等方面存在的内在联系，增加了知识检索获取的难度，降低了知识共享和重用的效率，特别是在产品开发中产生的大量知识、技能和产品数据不能在今后的类似产品开发任务中得到重复使用，致使大量时间花费在重复的工作上。① 另一方面，单纯地把知识作为其管理的对象，而忽视了与知识密切相关的环境因素在其中的作用。同时，这种表现更多地体现在对显性知识的管理有效性上。

2. 对知识环境因素缺乏明确而全面的理解

企业在实施知识管理过程中，虽然不可避免地会提到企业文化、组织设计和信息技术等方面在知识管理中的作用，但并不是作为企业知识环境因素而被提出并加以分析和思考的。同时，企业在提到这些因素时，往往采取一种彼此分立的观点，并没有把上述因素从整体上加以综合考虑。这样做的结果是，企业在知识管理实施过程中虽然知道这些因素是非常重要的，但是却不知道为什么是重要的，其中的内在作用原因与机理也不明确。同样，这也使企业在知识管理活动中不能明确其所从事的工作内容，不知道究竟哪项工作是最重要的，进而也就不能更加合理地安排工作的顺序。

3. 过多强调知识管理技术的作用

企业在知识管理活动中往往对知识管理技术更加看重，其原因可能包括以下两个方面：一是在一定程度上与知识管理技术所涉及的各种系统及软件的具体、有形存在一定的关系；二是知识管理技术在知识管理活动中所取得的结果往往是可以量化的，这在一定程度上也增加了企业对知识管

---

① 杨春立：《产品知识管理系统研究》，大连理工大学博士论文，2004 年 12 月。

理技术的信赖。然而，事实上，知识管理技术并不像其所宣传的那样，能够解决知识管理过程中所出现的各种问题，它的价值其实具有很大的局限性，主要体现在对显性知识的管理上。而对于难以编码或者干脆不能编码的隐性知识，知识管理技术往往显得束手无策。同时，应该明确的是，知识管理技术对企业而言，主要是一种工具或手段，如果没有明确的知识管理目标和方向，那么企业就不应该在知识管理技术和系统方面投入过多的人力、物力和财力。目前，企业中的许多知识管理项目就是由于过分看重知识管理技术和系统，忽视了其与业务流程和文化、价值观念等的有效融合与匹配，而最终导致失败的。

4. 忽视对企业知识管理能力的认知

对于一个企业而言，能否实施知识管理在一定程度上取决于其所拥有的知识管理能力的高低。这种知识管理能力不仅仅是企业在知识管理活动的某个方面表现得突出就行的，它需要的往往是企业在知识管理活动中所表现出来的一种综合能力。现代企业在实施知识管理过程中，一是不了解自身的知识管理能力究竟为何物，其主要构成要素是什么，当然也不知道如何恰当地利用其中的一些要素形成自身的竞争优势。二是对企业知识管理能力认识不够全面，不能从综合的角度和整体的高度对知识管理能力进行评价与描述，这就造成了企业所形成的知识管理能力存在缺陷，是一个不完全的集合。

本书提出的基于"环境—流程—能力"的观点所构建的企业知识管理模式，恰好是解决现代企业在知识管理实施过程中所遇到的这些问题和困难的一种可能的有效手段。为此，本书尝试把知识环境因素明确地引入知识管理中，研究在知识管理中通过集成环境因素、再造知识流程来解决这些问题和困难，进而形成企业的知识管理能力，同时通过企业的应用实践对该研究成果进行验证。

第二节　企业知识管理研究的意义

在对当前企业知识管理实施状况及存在问题进行充分的考察和分析之后，我们可以知道，知识环境因素不仅在企业管理中积累了一定的实践经验，而且在学术领域也具备了一定的研究基础。在此基础上，本书把知识环境因素作为企业知识管理新的研究视角，探索知识管理在企业中有效实施问题，希望通过研究工作主要从以下两个方面对未来企业知识管理的发展产生积极的促进和影响。

一、可以解决企业知识管理理论优越性与管理实践可行性之间的关系

知识管理给学术界和企业界留下的始终是无法彻底摆脱的"语言的巨人，行动的矮子"的不良印象，企业界虽然也觉得知识管理确实是一种非常卓越的理论，但是却不知道其究竟好在哪里，也不知道应该从何处着手进行知识管理更为适合。所有这些，都严重地制约了知识管理的有效实施。通过本书对理论与实践关系的研究，希望可以达到这样的目标，即让企业从知识环境因素的角度，通过评价自身的知识环境建设状况，来确认其信息与知识资源管理的成熟程度，从而最终把握自身恰当导入知识管理的时机。这样，可以使知识管理向企业中适时导入并付诸实践更加有据可依，更具有可操作性。

二、可以进一步澄清和完善对知识管理的理解和认识

一般意义上，我们通常会形成这样一个思维定式，认为知识管理的研究对象就是知识本身，即通过对知识的有效管理，实现组织预定的社会和经济目标。但实际上，知识管理并非我们想象的那样简单。根本原因在于，知识一般可以分为显性知识和隐性知识两种类型。应该说，对于显性知识的管理是一件相对容易和简单的事情，以信息管理为基础，借助信息技术的支持即可基本解决问题。然而，困难的是对隐性知识的管理。从知识的总量来看，显性知识只是冰山露出水面的一角，而隐性知识在其中则占有更大的比例，它不容易被人们察觉和把握，甚至有相当数量的隐性知识是属于根本不能被编码化的知识，因而也就谈不上被直接施加管理。所以说，如果单纯地认为知识管理的对象就是知识本身是不合适的。

那么，究竟应该如何去看待知识管理的对象呢？本书尝试从另外的角度思考这一问题，即从知识本身框架中跳出来，增加知识的环境因素。既然知识本身（特别是隐性知识）作为对象不能被直接给予有效管理，那么我们将采取一种间接的方法对其管理。基于这样的想法，本书试图把与知识密切相关的一些知识环境因素作为对象，来实现对知识本身的管理。这样做的结果无论是对显性知识还是对隐性知识而言都是适用的。通过对知识环境施加影响，我们就可以实现对知识的有效管理。同时，把知识环境作为研究对象，还可以达到另外的效果，即通过对知识环境因素施加影响，将促进知识的有效流动，促使知识创造更大的价值。这样，我们就可以从这两个层面进一步明确和加深对知识管理的理解和认识，从而进一步发展和完善企业的知识管理理论。

第三节　企业知识管理相关领域国内外研究现状

既然将研究重点放在知识的环境因素上，那么，我们就有必要对当前知识管理内涵的演进以及知识环境相关领域的研究状况进行分析和评价。

一、企业知识管理内涵的演进

人类关于知识的认知、管理和探索几乎与人类文明历史一样久远，但知识管理真正作为一门重要的新兴学科在管理领域中兴起，则不超过 20 年的历史。在知识管理的发展历程中，一些现代知识管理的发起人和有关组织以他（它）们提出的知识管理理论和方法，以他（它）们发表的论文与著作，或以他（它）们的各种实践方式等，不断地对知识管理的发展与普及进行着各个角度的诠释并产生着重要的影响①。在此，我们将首先从知识管理内涵的层面去考察和分析。

（一）企业知识管理内涵的探索

由于知识管理是管理科学领域的新事物，也由于不同的专家、学者和企业组织各自的研究领域和研究视角的特殊性，所以，到目前为止还没有形成一个为各界广泛认可的定义。在此，我们仅提出一些具有一定代表性的知识管理定义，从一定的侧面揭示企业知识管理内涵的演进历程。

巴斯（L. J. Bassi, 1997）②认为，知识管理是指为了增强组织的能力而创造、获取和使用知识的过程。

---

① 《世界知识管理发展历程、杰出代表人物和理论特点》［EB/OL］. http://www. southen. com/edu/zhuanti/ knowledge/focus/200211291788. htm, 2002. 11. 21。

② Bassi, L. J. . Hamessing the Power of Intellectual Capital ［J］. *Training and Development*, 1997, 51 (12): 25 - 30.

昆塔斯（P. Quintas, 1997）① 等人则把知识管理看做是"一个管理各种知识的连续过程，以满足现在和将来出现的各种需要，确定和探索现有和获得的知识资产，开发新的机会"。

维格（K. Wiig, 1997）② 认为，知识管理主要涉及四个方面：自上而下地监测、推动与知识有关的活动；创造和维护知识基础设施；更新组织和转化知识资产；使用知识以提高其价值。

维纳·艾莉（Verna Alle, 1998）③ 对知识管理下的定义是"帮助人们对拥有的知识进行反思，帮助和发展支持人们进行知识交流的技术和企业内部结构，并帮助人们获得知识来源，促进他们之间进行知识的交流"。

卡尔·弗拉保罗（Carl Frappuolo, 1998）④ 说，"知识管理就是运用集体的智慧提高应变和创新能力"。

达文波特（T. H. Davenport, 1998）⑤ 指出，"知识管理真正的显著方面包括两个重要类别，即知识的创造和知识的利用"。

微软公司前总裁比尔·盖茨（Bill Gates, 1998）在其著作《未来时速》一书中多处谈及知识管理⑥，他说："作为一个总的概念——收集和组织信息，把信息传播给需要它的人，不断地通过分析和合作来优化信息——知识管理学是很有用的。但是就像它之前的添加再设计（指破折号里的解释——作者注）一样，知识管理学变得歧义百出，任何人想给它添加上什么意义都可以……假如新闻记者跟一家数据库公司交谈的话，就会发现知识管理是数据库中最新的事物。假如记者跟一家软件公司交谈的话，就会发现知识管理的意思是下一代软件。……知识管理是个手段，不是目的。"

莲花公司（Lotus, 1998）在其发表的《莲花、IBM 和知识管理》战略白皮书中，把创新、反应能力、生产率和技能素质作为特定商业目标和

---

① P. Quintas, P. Lefrere and G. Jones.. *Knowledge Management：A Strategic Agenda* [J]. Long Range Planning, 1997, 30（3）, 385 – 391.

② Wiig, K.. *Knowledge Management：Where Did It Come From and Where Will It Go?* [J]. Expert Systems with Applications. Pergamon Press/Elsevier, Vol. 14, Fall 1997.

③ ［美］维纳·艾莉：《知识的进化》，珠海出版社1998年版。

④ ［美］卡尔·弗拉保罗著，徐国强译：《知识管理》，华夏出版社2004年版，第10—25页。

⑤ ［美］达文波特：《营运知识的管理》，江西教育出版社1999年版。

⑥ ［美］比尔·盖茨：《未来时速》，北京大学出版社1999年版。

知识管理的基本内涵，以帮助公司自身适应知识管理的活动要求。

美国生产力和质量中心（APQC）认为，知识管理应该是组织一种有意识采取的战略，它保证能够在最需要的时间将最需要的知识传送给最需要的人。这样可以帮助人们共享信息，并进而将它通过不同的方式付诸实践，最终达到提高组织业绩的目的。

目前，企业界和管理界比较愿意接受的一个知识管理定义可以表述如下：知识管理是对一个企业集体的知识与技能的捕获，然后将这些知识与技能分布到能够帮助企业实现最大产出的任何地方的过程。知识管理的目标就是力图能够将最恰当的知识在最恰当的时间传递给最恰当的人，以便使他们能够做出最好的决策。

（二）小结

上述的各种知识管理定义，不仅反映了人们从各个侧面对知识管理孜孜不倦的探索过程，而且也使我们对知识管理内涵的演进过程有了更为深刻的理解和认识。从实际情况来看，尽管这些专家与学者为知识管理提出了以上甚至更多的定义，描绘了知识管理的图景，但是，对于知识管理究竟管理什么，即知识管理的研究对象是什么，仍然没有提供一个更加清楚、明确并具有可操作性的描述，特别是没有把知识的环境因素作为研究对象明确地提出来。

目前，对企业知识管理的研究已经从认知的层面逐渐进入到实施的层面。学术界和实业界在明确知识管理作为一种创新管理模式其重要性方面已经初步达成了共识。对于在企业管理活动中如何去实施知识管理，现在正在成为他们双方共同关注的焦点。本书也正是基于这样一个出发点，致力于将知识管理从理论探索转向实际应用，并在知识管理理论实施的过程中对其不断加以完善。

二、企业知识环境因素的相关研究状况

在企业知识管理研究领域，许多学者在经过一段时期的尝试后，逐渐发现了一些与知识相关的影响因素，如企业的组织结构、制度、文化、人员、业务流程及信息技术等在知识管理活动中具有比较重要的地位和作用，而这些因素相对知识系统而言属于环境因素，并且这些因素有助于知识管理实施过程中一些关键问题的解决，因此，知识环境逐渐开始成为企业知识管理的一个新的研究领域。

（一）知识环境的相关描述

根据对来自互联网和中文期刊网全文数据库（CNKI）文献的检索，得到关于企业知识环境研究的如下结果。如果以"知识环境"和"Knowledge Environment"检索，可以发现国内外一些学者已经提出了知识环境及其相关的描述。如 AMT 研究院的"知识管理（Knowledge Management，KM）三人行"讨论中，安巍、赵杨和刘珺认为，企业在促进知识共享时应该考虑三种知识环境：劳动者、管理者和决策者。这三者之间因为其成员的知识结构、价值观和个人素质不同而产生距离。要成功经营知识共享，就需要对三种环境进行分析，分别实现。知识环境是知识管理中的一个重要概念，但是，大家对这个概念的理解和描述却各不相同。有人主张知识环境是企业知识管理活动所处的技术环境和组织环境。前者主要是指信息技术基础设施，后者主要是指组织设计和组织文化。还有研究者把知识环境分为正式和非正式两种，前者包括正式的章程、规则和流程，后者是指非正式的创新文化。学者贾文玉在研究中更偏向于把知识环境定义为"软性"层面的工作习惯、企业文化和价值观等，以雇员为焦点①。同样，AMT 研究院的安巍②也认为知识是帮助人们思考的意识形态中可以控制的资源，其中包括帮助人们思考、意识形态、可以控制和资源四个关键要素（见图 1.2）。知识环境也就是构成和产生这四个要素的自然和人为的因素。同时，他也指出知识管理就是知识环境的管理。其中，知识环境可以从一个角度上理解为能够被总结、被传承的知识产品的生产过程。但是，如果以"Knowledge Environment Management"和"知识环境管理"在网上检索，则搜索不到可以匹配的结果。

另外，目前对知识、知识管理与知识环境研究的内容则更多地集中于知识管理的环境方面。其中，蒋云尔（2002）③指出，知识管理的基本出发点是将知识资源视为企业最重要的战略资源，把知识和知识活动作为企业的财富和核心，通过创建合适的环境和条件，利用企业员工和集体的智

① AMT 研究院：《环境培育知识共享》［EB/OL］．http：//www.amteam.org/static/54598.html。
② AMT 研究院安巍：《知识与知识环境》［EB/OL］．http：//www.amteam.org/static/81/81650.html，2005–11–25。
③ 蒋云尔：《企业知识管理的环境探析》，《学海》2002 年第 4 期。

图 1.2　企业知识的关键要素

资料来源：www.amteam.com。

慧，实现知识的采集与加工、交流与共享、创新与增值，在知识创新中谋求企业应变能力、创新能力和竞争能力的提高和企业的可持续发展。因此，知识管理理论发育于知识经济这一社会环境，知识管理的实施还需要有相应的企业内部环境，构建企业知识管理的环境是实施知识管理的基础。

胡义等（2002）[①] 指出，知识管理作为管理学的一个分支，其运作环境与传统管理的运作环境有相似之处，但作为管理发展的新趋势，知识管理其运作环境又有着与传统管理不同的特点。具体来说，知识管理运作环境包括外部环境和内部环境。外部环境包括一般环境（包括政治、经济、社会文化、技术及自然环境等）和特殊环境（包括合作伙伴和竞争对手等）；内部环境包括企业的组织状况、制度建设、技术条件、文化氛围和人力资源等。

国外不少公司的知识管理项目先后以失败而告终，英国电信 PLC 组织研究负责人丹尼尔·摩尔海德（Daniel Morehead）甚至称知识管理失败率接近于 70%[②]。张建华等（2003）[③] 通过研究认为，出现这种情况的原因主要在于许多知识管理项目都被简单地看做信息管理的延伸,过分注重知识管理的技术属性，而忽视了知识管理的社会属性。事实上，正是由于

---

① 胡义、张红、胡晓灵：《知识管理的运作环境及对策研究》，《科技进步与对策》2002 年第 7 期。

② 中国协同知识管理网：《如何实施企业知识管理》［EB/OL］. http：//www.ckmchina.com/ htm/zsglinfo.asp，2003/01/07。

③ 张建华、刘仲英：《知识管理环境营建策略》，《科学管理研究》2003 年第 5 期。

理念和技术的融合催生了知识管理，使其具有"社会—技术"双重属性；知识管理的实施需要企业改良或再造一个崭新的"生态环境"与"机械环境"，作为知识管理得以生根、发芽、成长的土壤。

（二）知识环境相关因素的探讨

KPMG（2003）在其对欧洲知识管理调查报告[①]中指出，其知识管理的实现方案主要应该关注以下三个方面的问题：（1）分析知识需求，主要是帮助客户分析需要什么知识，如何获得特别是如何保存这些知识，其目的是确保企业运作的质量和效率，以使知识在恰当的时间和场合出现；（2）构建知识流程和组织，设置具有明确的职权划分的组织结构以确保知识内容的质量、知识的维护和面向用户开展培训等；（3）定位文化问题，为用户创建适当的动机，通过评价和奖励主动性或者通过监控流程来激励知识的维护和使用。

拉默斯和休伯（Ulrich Remus and Stephan Schub, 2003）[②]则从流程的角度探讨了知识管理实现的问题，他们指出，流程导向的知识管理是把目标定位在业务流程和知识管理的整合上。为了把知识向业务流程中可以增加价值的活动中提供，知识管理的工具和系统必须同知识和业务流程相适应。具体地说，诸如内容管理、技能管理、经验学习以及团队等知识管理工具必须被分配到知识管理活动和流程中去。描绘一般流程知识管理程序的模式和模型可以构建一个支持和实施逐步把业务流程同知识生命周期结合起来的方案。当适应性增加且复杂性降低时，流程知识管理的导入就变得更加充满效率。另外，梅尔和拉默斯（2002）从战略角度对流程导向的知识管理进行了研究[③]。他们主张，基于流程确定知识管理战略主要应该考虑以下几个方面：首先是对出现的知识管理的目标和战略从经验和理论分析的角度通过把战略干预介入组织处理知识的路径之中进行排列。然后，把相关的知识管理案例针对流程集成的方向放入一个广泛的多维知识管理战略框架之中，流程导向知识管理的开端则被设计为在组织实施的

① KPMG. Insights from KPMG's European Knowledge Management Survey 2002/2003.

② Ulrich Remus and Stephan Schub. A Blueprint for the Implementation of Process – oriented Knowledge Management ［J］. *Knowledge and Process Management*, 2003, Vol. 10, No. 4, 237 –253.

③ Ronald Maier and Ulrich Remus. Defining Process – oriented Knowledge Management Strategies ［J］. *Knowledge and Process Management*, 2002, Vol. 9, No. 2, 103 –118.

业务流程中向雇员提供任务导向的知识，最后利用这个框架所引出的流程导向的知识管理战略定位于对组织的基于资源观点（这是知识管理的焦点）和市场导向观点（这是含蓄地由流程倾向性所引发的）的集成之上。

随着研究领域的不断发展，在各种文献中出现了大量的知识管理关键因素。墨菲特、迈克亚当和帕金森（Sandra Moffett, Rodney McAdam and Stephen Parkinson, 2002）① 提出，这些因素主要包括宏观环境、组织氛围及技术、信息和文化／人员等。对这些方面的理解目前被限定在知识管理的文化与技术关系方面的经验研究领域。例如，组织过分强调技术在知识管理中的作用，导致以知识为基础的人员发展规划被排除在外；反之亦然。这样就有必要通过开发知识管理系统的组织模式来解决这些问题。

米洛诺伯罗斯和苏卡斯（Nikolaos Mylonopoulos, Haridimos Tsoukas, 2003）② 在分析知识管理系统的作用时也指出，尽管知识管理系统在被创造、处理和沟通时是有目的地去获取知识，以及在可能分配知识更好地制定决策或更好地去实践的场所重新分配它们，但是，这个过程中有几个即便不是不可能也是非常困难的原因，即为什么很难把嵌入人类工作者和组织背景中的知识解析出来？在回答这个问题时，他们提出，最重要的理由是从本体论角度去分析。因为知识特别是隐性知识，是依据它们的属性，通过它们创造和共享情境而形成。因此，知识管理系统的设计者试图从三个方面定位情境的重要性：一是在相同情境的范围内限定知识管理系统的配置和用途；二是通过利用技术和工艺来最大化一条信息与使用情境之间的关联性；三是通过知识管理系统使用者自己询问，围绕每一个文档记录额外的解释和分析，在尝试中制造最初知识创造的情境。通过知识管理系统与情境的互动体现出技术和文化等情境因素之间的关系。

（三）小结

从以上的知识环境相关因素研究成果中我们可以看到，尽管目前国内外已经有一些关于知识环境及其相关因素的研究，但往往是把环境因素作

① Sandra Moffett, Rodney McAdam and Stephen Parkinson. Developing a Model for Technology and Cultural Factors in Knowledge Management: a Factor Analysis [J]. *Knowledge and Process Management*, 2002, Vol. 9, No. 4, 237–255.

② Nikolaos Mylonopoulos, Haridimos Tsoukas. Technological and Organizational Issues in Knowledge Management [J]. *Knowledge and Process Management*. 2003, Vol. 10, No. 3, 139–143.

为外生变量中单独的变量来看待，而较少有人从整体上或从知识管理内部以及知识本身的角度来研究知识环境因素的影响，并探讨知识管理理论及其实施等相关问题。

三、企业知识管理能力的相关研究状况

企业知识管理的实施不仅是对知识管理理论的认知与接受的问题，而且涉及企业是否具备实施条件，即量力而行的问题。而衡量企业知识管理实施条件的重要参考变量就是企业的知识管理能力，它的水平和程度的高低直接影响企业知识管理的导入与实施策略的选择问题。为此，我们在这里有必要对当前企业知识管理能力的相关研究状况加以评述。

（一）企业知识管理能力的相关描述

由于企业知识管理本身就是一个较为新颖的管理研究领域，所以作为它的下属概念，知识管理能力的内涵也必然存在来自不同角度和不同形式的理解。

高德等人（Gold，Malhotra & Segars，2001）[1] 在研究中发现，企业的知识管理如果要有效地增强其竞争优势，则必须具有良好的知识管理基础能力和流程能力。其中，知识管理基础能力包括技术性能力、组织结构性，能力及文化性能力三种；流程能力则包括知识的获取、转换、利用和保护四种能力。郭彦文和徐盈之（2006）[2] 在采用高德等人对知识管理能力划分方法的基础上，指出，知识管理能力（Knowledge Management Capability，KMC）是组织通过协调各种知识管理行为，整合存在于组织内部及组织外部的各种知识，从而使组织增强竞争力的能力。并结合现代服务业主要面向顾客、知识含量较高等特点，将知识管理流程能力修正为知识的获取、创新、共享、利用和保护五种能力。

詹延遵等（2006）[3] 强调，所谓知识管理能力是指个人或组织在知识管理领域方面所具备的条件和作用力。企业的知识管理能力至少包括三个

① Gold，Malhotra & Segars. Knowledge Management：An Organizational Capabilities Perspective [J]. *Journal of Information Management Systems*，2001，（18）.

② 郭彦文、徐盈之：《现代服务业知识管理能力综合评价模型研究》，《广东经济管理学院学报》2006 年第 5 期。

③ 詹延遵、凌文辁、郑奔：《广州高新技术企业知识管理能力建设实证分析》，《科技管理研究》2006 年第 11 期。

层面的内容：（1）知识管理的技术能力层面；（2）知识的组织、运用能力层面（学习型组织在更多方面是从知识的组织、利用层面来研究知识管理的）；（3）知识管理主体的产权组织制度。

余利明博士（2003）① 则认为，企业能力是一个企业为创造价值而建立内部结构和运作的能力，它们根植于一个组织的程序和日常事务中，而且一般由组织管理程序和技术组成，但以文化为基础的重要特征常被人们忽视。包括运作、系统、结构和价值观的企业能力被视为在组织中知识运动的实际反映。因此，若从一种观察组织中知识管理活动的视角定义企业能力，企业能力是企业用于动员、协调和开发资源以创造价值的管理活动、过程和规范的理论和经验体系，具有知识专有性和管理实践性，在此，该文将知识管理作为一种特殊的企业能力加以描述。

（二）企业知识管理能力的评价

郭彦文、徐盈之（2006）② 主要采用基于层次分析法的模糊综合评价法来构造现代服务业知识管理能力测评模型。具体来说，先用层次分析法建立反映企业知识管理能力的多层级指标体系，该体系主要包括知识管理基础能力和知识管理流程能力两个方面，并通过对现代服务业的代表性企业进行问卷调查和个案分析，计算各指标权重，并消除指标量纲，再采用模糊综合评价法，计算现代服务业知识管理能力测评指标值。

郑庆华和刘存后（2007）③ 考虑到由于企业知识管理能力很难量化，可以采用现代多属性语言决策形式来克服这一困难，因此将多属性语言决策方法引入知识管理能力评价中，给出了一种基于广义的导出有序加权平均算子的知识管理能力的综合评价方法，从知识的获得、流动、分享、整合和创新五个方面对企业知识管理能力进行评价，以反映企业准确的知识管理状况，为企业的长期发展提供参考。

彭理莉和王国顺（2007）④ 则从知识管理重视程度、知识管理基础设

---

① 余利明：《企业知识管理能力问题的研究》，复旦大学博士学位论文，2003 年。

② 郭彦文、徐盈之：《现代服务业知识管理能力综合评价模型研究》，《广东经济管理学院学报》2006 年第 5 期。

③ 郑庆华、刘存后：《企业知识管理能力的模糊语言评估》，《统计与决策》2007 年第 7 期。

④ 彭理莉、王国顺：《企业知识管理能力成熟度评价模型的研究》，《长沙铁道学院学报》（社会科学版）2007 年第 1 期。

施建设水平、企业结构和文化的适宜程度、人力资源管理知识化程度和知识检测、评估与利用水平以及外部关系知识化水平六个方面提出了知识管理能力成熟度模型（Knowledge Management Capacity Maturity Model, KMC-MM)①② 及其评价模型，并使用模糊层次分析综合评价方法，进行企业知识管理能力成熟度评价。

（三）小结

从当前企业知识管理能力研究现状来看，国内外学者主要是围绕企业的知识价值链构建知识管理能力，每种知识管理能力之间的关系不够密切，不利于从企业知识管理活动的整体角度来把握企业的知识管理能力；在上述研究过程中，较少联系或涉及知识环境因素在形成企业知识管理能力中的作用和影响，使知识管理能力缺少一定的环境因素支持，这样在形成企业知识管理能力时容易造成所谓的能力与实际的企业业务活动之间存在脱离的情况。本书在研究过程中将从知识活动系统的生产、传播和应用三个方面来构成企业知识管理能力，同时辅以企业知识环境的组织和技术因素的支持能力，这样不仅使企业知识管理能力的构成要素更加全面，而且也确保了知识管理能力构成要素之间保持密切的关联性，尽量从这两个方面弥补现有研究工作存在的不足。另外，上述有些学者也注意到知识管理能力的一些构成要素难以定量，因此在评价过程中注意运用模糊综合评价等研究方法来克服这个问题，这种研究方法与本书的思路是一致的。

第四节　企业知识管理的研究思路与研究方法

一、企业知识管理的研究思路

（一）企业知识管理研究的逻辑框架

在企业知识管理实施这一研究课题上，本书将本着从企业自身能力状

---

① Zhang M. J.. CMM – SW and ISO9001 – The Ending of the Hero Era ［EB/OL］. June 2001. http：//www. emoxie. com/whitepapers/ CMM and ISO90012v2. html, 2004211210.

② Ehms K., Langen M. Holistic Development of Knowledge Management with KMCMM. Siemens AG, 2002 ［EB/OL］. http：//www. dbai. tuwien. ac. at/staff/dorn/, 2004211210.

况出发的原则思考问题。遵循从企业当前存在的问题入手，分析问题及其产生的原因，建构相关的理论模型及理论框架，提出适合企业当前发展状况的知识管理运行机制，尽量做到使之与企业管理能力要素相适应，同时对企业的知识管理能力进行分析、评价与全面管理，并结合实证案例分析的逻辑思路，从当前知识管理实施中遇到的障碍出发，提出知识管理研究对象的问题，然后在对问题进行系统分析的基础上，指出该问题解决的关键在于重新理解和认知企业知识管理的内涵与研究对象，即把知识环境因素纳入知识管理的对象之中，在此基础上构建环境—流程—能力一体化的企业知识管理动态的系统分析框架，相应地提出以企业知识活动系统各要素（即知识生产、知识传播与知识应用）为主体、知识环境（即知识的组织环境、知识的技术环境）支持为辅助的企业知识管理能力要素共同构成的企业知识管理能力框架，并借助知识审计的流程以及基于层次分析法（AHP）和模糊综合评价法（FCE）相结合的方法，重新设计企业知识管理能力评价指标体系，对企业知识管理实施状况进行定性和定量相结合的综合评价。具体逻辑框架如图 1.3 所示。

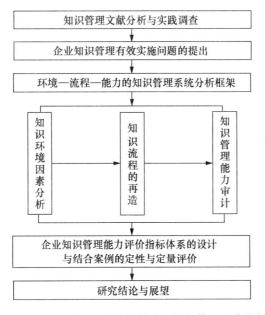

图 1.3　"环境—流程—能力"的企业知识管理系统分析框架

（二）企业知识管理研究的基本内容

第一章，首先提出了当前企业知识管理在实施过程中遇到的问题，在对国内外知识管理的研究状况加以评述和分析后，提出本书的研究思路。第二章，在对企业知识管理内涵重新界定的基础上，对企业知识管理的构成进行系统分析，构建了环境—流程—能力的企业知识管理系统分析框架。第三章，主要对知识环境进行解析，指出知识环境建设是企业知识管理框架实现的前提和基础，并从对企业内部和外部知识网络集成的角度，提出了建设企业知识环境的设想。第四章，以知识流程再造为企业知识管理实施的核心，主要从业务流程与知识管理的关系入手，分析业务流程中的知识流程再造等问题，并指出企业知识流程与业务流程通过知识活动系统整合在一起共同发挥作用。第五章，围绕以知识审计为基础的定性与定量相结合的研究方法，阐明了企业知识管理能力评价的问题。在系统分析了知识审计方法的同时，以知识活动系统的组成要素和知识环境因素作为知识管理能力评价指标的重要组成部分，设计了基于知识审计的企业知识管理能力指标体系。第六章，以 H 公司知识管理实践为例，借助层次分析法和模糊综合评价法等定性和定量研究方法，全面评价该企业实施知识管理的能力状况。第七章，提出了本书的主要研究结论，并对知识管理研究的进展和未来走向做出了展望。

二、企业知识管理的主要研究方法

（一）系统科学的研究方法

从系统学科的观点来看，系统是由许多要素组成的整体；要素之间、要素与整体之间、整体与环境之间存在着有机联系；系统具有整体功能；系统是有层次的；系统的存在与发展必须适应环境[①]。知识从类别、来源和用途看，也存在着各种各样的有机联系，构成各种类型的知识系统。因此，实施知识管理时就应该把知识作为一个系统来看待。

根据大连理工大学王众托院士[②]对知识系统的描述，知识本身是一个复杂的自适应系统，它由存在于文件、手册、图纸中的知识，存在于人的头脑中的知识，已经凝聚在工作过程、经营管理制度和方法等之中的知识

---

① 王众托：《系统工程引论》，电子工业出版社 1991 年版。
② 王众托：《知识系统工程》，科学出版社 2004 年版。

以及嵌入（外化）在产品或者服务中的知识等一系列要素组成，要素之间、要素与整体之间的关系符合系统所规定的各项特征。本书所要研究的问题正是基于这种知识系统工程的理论，建构基于知识环境因素的企业知识管理实现模式，并运用知识系统工程的方法解决知识环境因素分析与知识管理能力评价的问题。本书研究的主要对象为以知识活动系统为核心的知识系统以及与知识密切相关的知识系统的外部相关环境因素，对于这些知识的环境因素主要从知识的技术环境和组织环境两个方面的因素入手进行综合研究。在此基础上，将当前的企业信息化建设与企业知识的技术环境建设结合起来，并运用基于知识审计的方法对企业知识管理能力进行分析与评价。

（二）实证分析与案例分析相结合的方法

1. 综合运用交叉学科理论，解决知识系统的现实问题；深入企业调研，通过对企业知识环境因素的剖析，解决企业知识有效管理问题。根据本书中提出的理论，构建问题模型。通过设计基于知识审计的企业知识管理能力评价指标体系，运用社会调查研究方法、层次分析方法和模糊综合评价方法，帮助企业对自身知识管理能力状况及水平进行评价，指导其恰当地评价自身有效实施知识管理的能力。

2. 根据文献阅读，提出要解决的问题，然后根据企业业务流程再造和知识活动系统等相关理论，构建基于企业知识环境因素的管理框架。同时，注意将相关文献中的知识管理的典型案例穿插于本书之中，进行案例分析与知识能力的相互印证。从企业的实际案例中寻找基于知识环境因素的企业知识管理能力和实施的思路。

第五节　本章小结

本章把当前我国知识管理实施过程中存在的问题作为研究的出发点，对企业知识研究的意义以及当前国内外企业知识管理研究现状进行了全面的分析与评述，设计了本书的研究思路与逻辑框架。在此基础上，本章也提出了知识管理的研究对象不能仅限于知识本身，还应该将知识之外与知识密切相关的一些知识环境因素包含在内的观点。依据这样的观点重新认识和理解知识管理，不仅有利于对显性知识的管理，更重要的是可以实现对隐性知识的有效管理。同时，由于技术和组织等环境因素往往是企业能够明确和具体把握的要素，因此，在一定程度上增强了企业管理者对实施知识管理的胜任程度和信心，从而有助于降低知识管理在企业中实施的障碍。

第二章　企业知识管理：环境—流程—能力的系统分析

第一节　企业知识管理的内涵

刘则渊教授（2002）[①] 曾经指出，企业知识管理是企业技术进步管理的新发展。随着企业管理由生产管理、经营管理向战略管理发展，企业技术进步管理也相应由生产技术管理、研究开发管理（或技术创新管理）向知识管理转变，因此，知识管理是企业适应知识经济需要而出现的崭新管理模式。它在深刻地体现着企业战略管理需要的同时，也在不断地渗透到企业业务流程的各个发展阶段。

一、企业战略背景中的知识管理

从宏观角度来看，企业的发展离不开有效的战略管理活动，同样，企业战略决策方针的制定，也离不开来自企业内外部的知识和信息资源所提供的保证。就这一方面而言，企业知识管理不仅仅是简单地针对企业信息和知识资源的有效管理问题，更重要的是如何从企业战略管理的高度对企业所拥有和可支配的知识资源进行有效分析、规划和调配，并利用它们创造价值的问题。因此，对于企业战略背景中的知识管理，我们可以从以下两个方面去思考和理解。

[①]　刘则渊：《现代科学技术与发展导论》，大连理工大学出版社 2002 年版。

（一）知识管理：战略管理的重要组成部分

众所周知，目前企业战略管理过程正逐渐被定义为对竞争优势的管理，也就是说，对某一领域的识别、开发和利用的过程，在这一领域中，企业能获得一种切实并持续的业务优势。[①] 企业的战略管理过程分析主要包括外部环境的分析和内部能力的分析两个层面。环境因素是对企业产生重大影响而企业又不可完全控制的外部力量，是企业在战略管理中需要认真应付的复杂的、动态的、多变的不确定因素。环境分析的目的在于透过环境影响状况的表象，确认环境在多大程度上给企业提供了受益的机会，以及在哪些方面是企业值得回避的威胁或迎接的挑战这一本质问题。因此，环境分析是制定企业战略的前提条件和首要步骤。战略管理的成败往往取决于企业能否把握和适应环境带来的机会与挑战。

企业战略不仅要关注战略环境的变化，并与之相适应、相匹配，而且要立足于企业内在因素与资源状况所构成的战略能力或潜力。企业战略能力（Strategic Capability，SC），通常由企业的组织结构、资源和文化三方面因素所构成，涉及整个企业管理、营销、生产、财务和研究开发等职能领域的各种要素。战略能力分析的任务和内容是确定对企业未来发展影响深刻的关键内在要素，明确自身的优势与弱点，采取措施构建企业整体战略能力。正如赫伯特·西蒙指出的："管理即决策。"战略管理是对竞争优势实施管理的过程，其实质也是一种决策的过程，为实现这个决策过程，确保战略规划的科学性和有效性，就必须使决策过程有所依据，特别是依据企业所拥有的和可支配的知识及信息资源对企业的战略过程进行客观和合理的分析。

同时，在知识经济时代，企业竞争战略的观念也在发生变化，竞争优势正在从制造技术转向人——人的知识、积极性和创造性。[②] 生产技术的发达使得精密的产品可以在世界的任何地方以低成本、大批量方式生产，一流的制造被视为理所当然的事情。产品成功的原因不仅仅是产品本身，

---

① S. E. South. Competitive Advantage: The Cornerstone of Strategic Thinking [J]. *Journal of Business Strategy*, 1 (Spring), 1981, 16.

② 侯鸿翔：《知识经济、知识管理与变化中的企业经营战略》，《地质技术经济管理》2000年第5期。

更重要的是纳入其中的高密度的知识、信息和服务。这就使企业的成功因素相应地从一般性的制造过程转向了高素质的员工，因此，对于企业而言，如何开展科学合理的员工教育与培训，建立行之有效的导向性文化与激励机制就显得尤其重要。

（二）知识管理：战略的分析与规划过程

应该说，知识管理不仅是企业战略管理的一个重要组成部分，同时，知识管理本身也是一项战略管理活动。因此，企业知识管理过程也相应地包含着战略分析与规划的内容。知识管理战略的分析与规划和战略管理的内容具有异曲同工之处，主要在于它不但要分析企业的外部环境因素，而且要分析企业的内部能力因素，即企业知识管理从内外两个层面来思考其战略的发展方向和发展内容。对于企业知识管理而言，从外部环境角度来看，企业的知识管理主要关注于企业的外部知识资源网络的发展与建设。企业外部知识网络主要是基于互联网（Internet）围绕企业供应链组成成员与合作伙伴各方构建。这样，可以从更加广泛的范围内为企业管理决策提供充分的保证。从内部能力角度来看，企业知识管理的战略分析考虑的主要是企业内部知识网络的建设，主要是基于内部网（Intranet）围绕企业的业务流程的各个阶段构建。无论从企业内部，还是从企业外部进行知识管理的战略分析与规划，其重点都是企业知识网络的规划与建设。但是，企业知识网络并非我们所想象的纯粹技术层面的东西，还包含一些非技术层面的如组织结构、文化和人际关系等内容。因此，企业知识网络可以分为"硬"的网络即以信息技术为基础建立的知识网络和"软"的网络，即以组织结构和人际关系构建的知识网络。

二、企业业务流程中的知识管理

企业的知识管理不仅体现在宏观层面的战略指导作用之上，而且也具体地表现在微观层面企业的业务流程运作的活动之中。

（一）业务流程与知识流程的关系

在企业业务流程之中，除了沿着供应链所存在的企业物质流和资金流之外，还存在着一条常常被我们所忽视的信息和知识流，即在企业的运营过程中存在着另外一个流程——知识流程。关于知识流程的理解，我们可以这样认为，企业除业务流程之外，还有知识流程，知识流程既是一个独立的流程，又与业务流程之间存在密切的联系，这种联系体现在知识流程深深地嵌入企业的业务流程之中。

（二）业务流程之中的知识活动系统

知识流程与业务流程之间的嵌入不仅表现在业务流程中的价值链与知识流程中的知识价值链的对应关系上，而且表现在企业业务流程价值链的每一阶段都包含着企业知识活动系统的内容。知识活动系统是社会活动系统的重要组成部分，根据马克思的社会再生产理论的一般思想，人类的社会再生产包括三大基本生产领域：物质再生产、精神再生产和人口再生产。如果我们把整个社会活动视为建立在知识和信息的生产、传播与应用的基础上的活动，那么对于企业组织而言，也在不同程度上开展着学习、创造、传播和应用各种各样知识的活动。因此，可以将人类知识活动系统抽象和简化为：物质再生产对应知识的应用系统（以经济系统为代表）；精神再生产对应知识的生产系统（以科技系统为代表）；人口再生产对应知识的传播系统（以教育培训系统为代表），如图 2.1 所示。

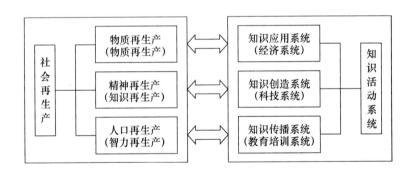

图 2.1　社会再生产与知识活动系统的抽象对应关系

资料来源：刘则渊、韩震：《知识活动系统与大学知识管理》，《大连理工大学学报》（社会科学版）2003 年第 2 期。

1. 物质再生产：知识应用系统

物质再生产是满足社会人们物质生活的基本生产活动，是改造自然的实践活动，而改造自然又离不开对自然的认识，认识的成果就是知识。物质再生产属于将人类知识应用于改造自然的经济系统。因此，物质再生产是一个知识的应用系统，是把知识转化为现实生产力的实践活动。

2. 精神再生产:知识创造系统

精神再生产是对客观世界（包括自然和社会）的主观认识,是依赖于物质生产和社会生活的认识活动,涉及各种精神观念的生产过程。其活动领域很广泛,其中的一个方面是人类知识的再生产活动,特别是科技系统。因此,精神再生产可以简化为一个知识再生产系统,特别是生产科学技术知识的科技系统。

3. 人口再生产:知识传播系统

人口再生产或人力再生产,属于社会生活领域,是物质再生产和精神再生产的前提与目的,因为物质再生产和精神再生产既需要有知识的人力资源,又是为了满足人的生存与发展的需要。人的成长包括体力和智力两方面的成长,后一方面的承担者就是从事智力再生产、进行知识传播活动的教育系统。因此,人口再生产就其智力再生产方面看,可以简化为知识的传播系统。知识活动系统具有全息结构特征:任何一个子系统结构都大致包含人类知识活动系统结构的全部信息。企业作为知识活动系统的一个构成部分——经济活动系统之一,不仅在业务流程的总体情况上具有物质再生产、知识再生产和智力再生产这三方面的内容,而且在业务流程的每个阶段也具有上述三个方面的内容。

三、企业知识管理内涵的认知

根据以上对企业知识管理的战略层面和业务层面的分析,对于企业知识管理,我们可以从下面比较公认的定义加以认识:企业知识管理是指企业经营和战略建立在知识、信息和智力基础上的一种管理活动,是把知识的生产、传播和应用贯穿于企业研究开发、产品生产和市场营销全过程的一种管理形式,其目的在于通过建立企业内部外部的知识网络,实现知识共享,运用集体智慧,提高企业的应变能力与创新能力[①]。对于这个企业知识管理的内涵可以从以下三个方面加以理解。

其一,企业知识管理是企业经营和战略建立在知识、信息和智力资源基础上的一种管理活动。这是对企业知识管理的一个定位。从这个观点来看,此处所描述的是广义的企业知识管理概念。也就是说,在知识经济时代,企业的基本经营和战略管理活动由于都是建立在知识、信息和智力资

---

① 王众托:《知识系统工程》,科学出版社 2004 年版。

源基础之上的，所以均具有知识管理的性质。因此，我们可以说，企业知识管理是企业的一项基本战略管理活动，具有宏观的战略性质和普遍应用价值，这就使企业知识管理的地位在企业中得到了明确和认可。

其二，企业知识的生产、传播和应用贯穿于企业研究开发、产品生产和市场营销全过程。这是对企业知识管理具体操作过程的一个描述。正如上面所述，一方面，企业的经营和战略活动是以知识资源为基础的；另一方面，这些知识资源的运营活动如知识的生产、传播和应用则贯穿于企业的业务活动如研究开发、产品生产和市场营销等全过程。这表明知识经济时代企业管理活动普遍具有知识化的特征，相应的企业知识管理活动也已经渗透到了企业管理活动的各个方面，从某种意义上来看，企业知识管理在企业管理活动中无处不在，之所以没有被人们所认知，是因为它们处于一种隐含的和不被意识的自然状态。

其三，企业知识管理目的在于通过建立企业内部和外部的知识网络，实现知识共享，运用集体智慧，提高企业的应变能力与创新能力。这是对企业知识管理目标和实现途径的一个阐述。企业知识管理的目标不是仅停留在对知识的管理上，更重要的是要把所拥有和可支配的知识，在组织成员间和各个部门之间通过充分的共享和整合，形成一种集体的智慧，进而提升企业的应变能力和创新能力，让其在企业管理活动中不断发挥作用，使企业能够针对环境的变化，不断做出迅速反应。而实现这一目标的过程和手段则是企业内部和外部知识网络的建设，也就是说，企业知识管理的一项重要工作就是建设企业的知识网络，知识网络对企业而言，既是其实现知识共享和整合的工具与手段，同时也是其所拥有的规模庞大的知识资源库。

根据上述对企业知识管理内涵的界定与评析，我们可以明确企业知识管理的研究内容应该主要包括以下三个方面：（1）从战略高度对企业知识环境因素和知识能力因素进行分析；（2）以业务流程为依托构建企业知识流程；（3）借助现代信息技术手段，构建企业内部和外部知识网络，为企业知识管理活动提供帮助，以最终达成企业知识管理的应变能力和创新能力的目标。

第二节 企业知识管理的系统分析

企业知识管理是一项复杂的系统工程。它不仅牵涉知识环境的一些关键因素，而且涉及了知识活动的空间——企业的业务流程以及在两者基础上所形成的企业的知识管理能力。

关于企业知识管理，传统的观点往往只重视知识和信息的存在，而对企业知识资源的来自组织内外的影响因素，即知识的环境因素则缺乏有效的关注，同时在如何解决知识管理理论与业务流程的有机结合方面，表现不够紧密，显得力不从心，这些对于有效实施知识管理是非常不利的。因此，企业在准备实施知识管理之前做出系统分析，了解企业知识管理的系统构成及其运行的框架，以便其能够实现与现有的企业知识环境因素相适应和匹配，与业务流程各个环节实现充分的结合，不断适应企业对知识管理的需求。

一、企业知识管理的系统构成

根据定义，我们可以知道作为一项复杂系统的企业知识管理，主要包括知识的内外部因素、知识流程和知识网络等内容。

在这一系统之中，为了对企业知识管理从战略的高度进行把握，就有必要对企业的知识内部和外部因素以及对企业的业务流程（特别是嵌入其中的知识流程）进行分析，从而确保不断提高企业的知识管理能力和企业知识管理的有效实施。

（一）企业知识因素分析

企业的知识因素既包括来自企业内部因素，也包括企业外部因素。来自企业内部的因素主要是为了形成企业的知识管理能力，即知识的开发能力、知识的传播能力和知识的应用能力。其因素主要包括企业中的组织因素和技术因素。而来自企业外部的因素主要是为了形成和提高企业对变化的环境的适应和应变能力。其因素主要是从企业供应链的角度去考虑问题的企业外部知识链及其构建等内容。

（二）企业知识流程分析

相对于企业业务流程管理来说，知识管理更注重将流程管理中的知识系统化。而知识管理也需要借助流程管理，不断地优化知识共享的流程，使得知识可以不断地创造、分享。因此，企业知识流程管理的核心就是把知识管理融入业务流程管理。

知识驱动着企业的竞争。要在市场中获胜，调整好企业的方向和实力，企业就需要相关的知识如关于产品、流程和客户的知识。而知识管理并不是额外的工作或新兴的职能，它跟企业运营管理和流程是紧密结合的。知识只有在不断的流动中才能创造价值，所谓神形兼备，才能身手矫健，先发制人。

流程的有效性在于其自身的正确性及被执行的力度，而正确与否是在实践中检验出来的。实践中的经验、心得、建议或外来的指导性文字都是知识，可以说知识是在流程中产生的。那些在流程中不断积累的知识又运用于流程中，才使得流程的优化与重组得以实现。

企业的知识流程是对企业中存在的知识流的过程、行为和作用的一种整体上的描述。美国生产力与质量中心（APQC）的目标就是使知识管理成为一个系统的流程，这个目标具体而言就是为了识别重要信息、经验教训学习和隐性知识；使人们能够分享他们所知道的知识和所创造的知识；以其他人在将来能够使用的某种形式来获取最佳实践和有用的信息；向其他需要和可能使用的人传递数据、信息和发现。① 企业的知识流通常包括知识的识别、获取、开发、分解、储存、传递、共享以及知识产生价值的评价等环节。在企业的价值管理系统中引入知识流概念具有重要的意义。首先，知识流概念是一个动态的概念，它强调在知识的识别、获取、开发、分解、储存、传递、共享以及运用其产生价值的运动过程中应该是无阻碍的。其次，知识流概念强调知识的运行应该是无迟滞的，它应该在合适的时间传递给知识的需求者。再次，知识流是以人为载体的，它强调知识应该满足人们在价值创造活动中的需要。最后，知识流概念强调了将其提高到与人流、资金流、物流、信息流等并列的、不可或缺的高度。可以说，知识流的概念揭示了知识的

---

① American Productivity & Quality Center. Community of Practice Report. APQC's Work in Knowledge Management，2000.

实质。①

（三） 企业知识网络分析

企业的内、外部因素和企业业务流程中的知识资源的运营往往需要企业知识网络作为工具和手段为其提供支持和帮助。企业的知识网络在形成和发展企业的应变能力和创新能力方面具有重要的作用和意义。

企业知识网络主要包括企业的内部网络和外部网络两个部分。每个部分的知识网络都由软、硬两种网络构成。其中硬网络主要是以现代信息技术为基础构建的，除了硬网络之外，企业内外部还存在一种隐含的、由组织机构和人际关系等所支持的知识软网络。这种软网络和硬网络结合在一起，构成了企业的知识网络图。在知识网络图中，企业可以对稽查和审核出来的知识，按照便于使用和管理的原则进行分类，建立居于中心的核心知识（如财务知识、客户知识、生产知识等）以及围绕在该中心知识周围的外围知识。同时，企业还要对每一个知识核心指定相应的维护人员，明确职责，建立专门的知识管理组织来负责这件事情，并且制定一系列制度，如鼓励集体或团队使用和更新知识、不同知识的共享范围（安全权限）的规定等。正是由于企业知识网络的存在，才使企业内外部的各种知识因素与企业的知识流程结合在一起共同发挥作用，确保了企业知识管理目标的实现。

二、企业知识管理的"环境—流程—能力"系统框架

（一） 企业知识管理的常规框架

亚瑟·安德森与美国生产力和质量中心（APQC）共同开发了企业知识管理的模式框架。他们把知识理解为复杂系统，认为知识就是集企业知识的实体（静态知识）、过程（动态知识）和组织性于一体，在此基础上构建出一个特定的知识管理模型，该模型将支持企业创造知识的因素表示为两个动态的轨道，即外轨道和内轨道，如图2.2所示。

外轨道包括关键的组织可行条件，即那些促进知识繁荣发展的技术、文化、领导和测度要素；内轨道则包括知识管理的关键过程，即：适应、收集、识别、创造、共享、运用和组织等。这些过程可以根据实体和过程

---

① 李凤云：《基于新型企业观的知识流管理》，《中国质量》2004年第2期。

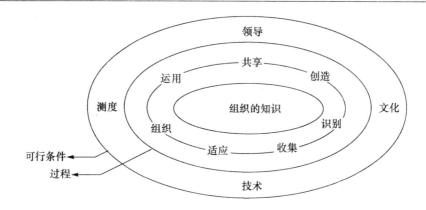

图 2.2　组织的知识管理模型

　　资料来源：张润彤、曹宗媛、朱晓敏：《知识管理概论》，首都经济贸易大学出版社 2005 年版，第 44—45 页。

的观点进行分类。识别、收集和组织过程适合于知识体的集聚和管理，而创造、共享、运用和适应更适合于知识的创造和更新①。

　　（二）企业知识管理的"环境—流程—能力"系统框架

　　在实施知识管理时，企业管理者必须要努力创造一种知识环境，在这种环境中，企业员工能够自愿地交流与共享知识，开发与利用企业的知识资源去进行创新。在知识管理中，这种环境的营造包括硬环境的营造和软环境的营造两个方面②。硬环境的营造包括建立知识型企业的组织机构，完善企业的知识网络基础设施，建立起鼓励员工参与知识交流与共享机制和鼓励员工创新的各项企业规章制度等。软环境的营造是要创造出一种鼓励学习、鼓励知识交流与共享、崇尚创新的企业文化氛围。软环境的营造可以促进企业知识资源得到更加充分和有效地开发和利用，尤其是对员工创造潜力的发挥有着不可低估的作用。

　　企业知识环境因素对于企业知识管理战略而言，从企业外部角度来看属于企业知识管理的外部因素，主要是来自企业外部的对于企业制定知识管理战略产生重要影响的政治、经济、社会、文化、技术和自然

　　① 张润彤、曹宗媛、朱晓敏：《知识管理概论》，首都经济贸易大学出版社 2005 年版。
　　② 邱均平等：《知识管理学》，科学技术文献出版社 2006 年版。

等方面的因素，对于这些环境因素，企业往往只能适应，并不能施加更大的影响，因此，对于来自环境因素的知识和信息的迅速、及时和有效处理，直接表明企业的环境适应能力和应对能力；从企业内部角度来看，企业的知识环境因素属于企业知识管理战略的内部能力因素，主要包括来自企业知识创造、知识传播和知识应用三个方面。而无论企业知识管理的内部因素还是外部因素，它们要最终在企业知识管理战略中发挥作用都离不开企业业务流程及嵌入其中的企业知识流程。

　　根据以上分析，本书提出企业知识管理的系统框架主要包括企业知识环境因素、知识流程和在两者基础上建立的企业知识管理能力三个方面的内容。

　　1. 企业知识环境及其构成要素

　　企业知识环境主要由企业的组织环境和企业的技术环境两种要素构成。其中，知识的组织环境主要由组织结构、人员、制度和文化等内容构成，它们为隐性知识的存储、共享与应用提供了便利和可能。知识的技术环境主要是知识存储、共享与应用过程中所涉及的以互联网和内部网等一些现代信息技术为基础所构建的一系列便于知识的查询与使用的便捷手段和各种工具，正是由于它们的存在才使知识的运行过程更加顺畅。同样，我们也应该认识到，从知识系统本身的角度来看，企业知识环境主要包括来自企业内部和外部两个方面。而这两个方面的环境因素并不是各自独立发生作用的，它们通过企业的内部知识网络和外部知识网络的联结，在知识管理的统一系统中共同发生作用。

　　2. 企业知识流程及其构成要素

　　正如前面所述，企业知识流程是由知识的创造、分类、储存、分享、更新、价值和重用等环节构成的知识流动的轨迹和循环往复的环形系统，它不是闭合的过程，不仅通过企业的知识网络不断加入新的知识资源，而且在知识流程的每个环节上又有部分知识溢出。这样的流程表明企业知识创新过程是一个动态的过程，同时这样一个过程是以企业业务流程为依托的，即知识流程是嵌入业务流程之中的。

案例：中国台湾明基公司的知识流程管理[①]

品牌、制造和服务是中国台湾明基公司的三大支柱。如何使这三大支柱能够不断增值，获得业务的持续增长？那就需要不断优化公司的核心流程，积累专业知识，运用积累的知识更好地执行标准流程，创造更大的附加价值。比如：明基中国的客户服务中心，每天会将本日客户投诉的问题存入知识管理库中，接着发邮件通知后端的技术工程师。技术工程师在帮客户解决问题后，会把问题的解决方案再存入知识管理库中，并以此为依据改进现有的研究开发流程。日积月累，问题库中的解决方案越来越多，当再有类似的投诉产生时，其他客服人员和技术工程师都可以很快找到解决办法，从而使得企业能快速响应客户反馈，增强企业的竞争力。

知识管理和业务流程优化的融合使明基用于新雇员培养、新产品开发的成本大幅度降低，积累在 2000 多项专利技术中的开发流程和研发经验被全部存在了知识库中，供全球所有研究开发人员共享，每日平均几千人访问知识库。这里就体现了流程→知识→流程的良性循环，知识在流程中流动，最终为企业创造了更多的价值。

（三）企业知识管理能力及其构成要素

企业知识管理能力是指企业把信息转化为知识，把知识转化为智慧，把智慧转化为生产力的能力。企业的知识管理能力主要包括，在知识管理战略高度下对企业外部因素进行分析基础上所形成的对变化的外界环境因素的适应和应对能力，以及对企业内部因素进行分析基础上所形成的创新能力。

这样，在企业知识运营过程中，由知识的内外部因素、嵌入业务流程中的知识流程和知识管理能力三个子系统构成企业知识管理的一个复杂系统（见图 2.3）。这三个子系统通过知识网络的各个环节保持着一定的内在关系，确保着整个知识管理系统的正常运行。

[①]　徐家俊：《知识管理的建设和实施策略》［EB/OL］．http：//info. feno. cn/ 2007/120704/ c000065592. shtml.

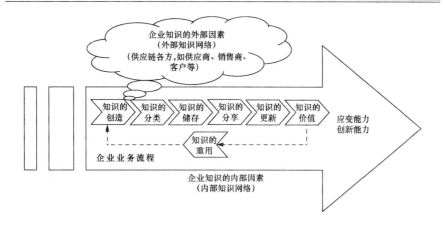

图 2.3　企业知识管理的系统框架

第三节　本章小结

在这个知识管理的系统框架中，企业的知识环境因素、知识流程同知识管理能力被有机地整合在一起，它们彼此间相互关联、相互制约，在企业知识管理活动中共同发挥作用，推动企业的知识资源不断地创造价值。对于企业而言，通过这个框架，其知识管理活动的首要步骤就是从对知识环境进行深入细致的分析，并在此基础上建设企业内外的知识网络，在确保知识管理内外因素被充分考虑的基础上，接下来的工作就是在现有业务流程中再造出适合知识管理的企业知识流程，最后的工作就是通过知识的运营活动实现企业知识流程的有效运行，并在此基础上形成企业的应变能力和企业的创新能力。因此，这个框架，一方面可以更充分地体现出企业知识管理过程的动态性，另一方面借助它也可以进一步为企业实施知识管理提供明确的方向性的指导。

第三章 知识环境建设：企业知识管理实施的前提

　　任何事物都不能简单地以本身形式独立存在，都必须依托其特有的生存与发展的环境。我们在探讨知识管理的有关问题时，同样也要涉及知识所赖以生存的环境。如果从哲学角度来认知，知识环境是广义的，而知识本身则是狭义的；如果从计算机程序设计上讲，知识环境是代表通用属性的类，而知识则是具体的对象。无论知识环境与知识之间的辩证关系如何，我们都可以首先明确一点，即知识是依托知识环境而存在，并从知识环境中抽象出具体的、可学习的内容，而业务流程中与知识相关的组织因素和技术因素则表现为知识环境的要素（见图3.1，图中1、2、3项为知识环境的组织因素，而4项为知识环境的技术因素），通俗地说，就是同一类的知识环境所凝聚的知识是类似的，进而导致人们工作、学习、生活

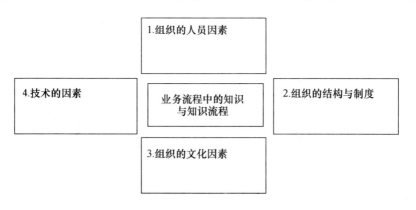

图3.1　企业知识环境的关键要素

的态度也是类似的。知识管理的目的就是找出这种类似的规律并有计划地进行引导，从而达到管理的效果。

第一节　企业知识环境解析

一、企业知识环境引入的意义

在企业知识管理研究工作中之所以引入知识环境这一要素，主要是因为企业知识环境的各构成要素与知识管理之间存在以下密切的联系。

（一）知识环境为知识管理战略分析提供依据与可能

正如前文所述，企业知识管理活动是企业管理中的一项具有战略高度的系统性管理活动。一方面，知识管理本身是企业战略管理的一个重要组成部分，作为战略管理本身，根据 SWOT 分析方法，要求对其所处的外部环境因素和内部能力因素进行比较分析，发现自身的优势与劣势、机会与威胁，以期为战略的制定和战略规划提供参考。而企业的外部环境因素和内部能力因素均属于企业知识环境的范畴，正是依据这些内容为企业知识管理战略的规划与设计提供依据与可能。另一方面，企业知识管理活动本身属于一个系统，对一个系统的分析和全面把握也需要对其所处的环境进行分析，从这个意义上来看，企业知识管理活动过程引入知识环境因素也是非常必要的。

（二）知识环境因素的引入为知识管理中的一些问题的解决提供思路

当前，企业知识管理研究与实施过程中存在着一些难以解决的问题和障碍。较为突出地表现在对隐性知识的管理上。由于隐性知识难以编码化和成文化以及以人员为载体等特性，因此造成直接对其实施管理的困难。出于对这些问题解决的考虑，如果在研究过程中设法导入知识环境因素来辅助管理，则可以在一定程度上弥补现有知识管理解决方案中存在的不足。这是因为，知识环境因素所涉及的范围很广，例如作为知识管理主体的人员也是知识环境的重要组成部分，而且人员同时也是隐性知识的重要载体，既然隐性知识不能直接给予管理，那么我们不妨对与其有关的知识环境因素进行分析，或者对其重要载体——人员施加适当的管理措施诸如激励或控制，也就间接地实现了对隐性知识的管理。从这个意义上说，借助知识环境的特殊地位和作用，不仅可以为知识管理的有效实施提供多方面的支持，而且可以为当前企业知识管理所面临的一些困难的解决提供思路。

（三）知识环境为知识管理向企业导入提供先导性的帮助

与企业知识管理的理论及相关的概念相比较而言，知识环境的各构成要素如人员、组织结构、制度与文化以及各种现代信息技术等，均是企业管理中经常涉及的内容。据有关企业知识管理认知状况的调查可知，企业可能在一定程度上对知识管理理论缺乏了解，但是，对于上述知识环境的构成要素特别是信息技术等却并不感到陌生。如果将知识环境作为企业知识管理的先导性内容向企业加以推广和介绍，以此辅助和增进企业决策者和管理者对知识管理的了解，这样不仅可以降低他们在观念上对知识管理存在的认知障碍，而且可以极大地增强这一群体对知识管理的认同感和接受程度，从而为知识管理进一步向企业恰当地导入提供了可能性和有益的帮助。

二、企业知识环境的作用

企业知识环境因素是知识管理研究到一定阶段的产物，它的引入对于企业知识管理研究具有重要的作用。

（一）知识环境拓展了企业知识管理的研究视角

此前的企业知识管理研究往往是把研究的焦点局限在企业的知识资源上面，尽管可以处理知识管理中的一些当前的常规性问题，但在一些具体问题上却存在着难以解决的障碍，这些障碍严重地制约了企业知识管理的发展。

为了解决这些问题，引入知识环境就是一个较为合理的选择。这主要表现在两个方面：

（1）知识环境因素的概念表明，在知识管理研究过程中，引入了系统科学的思路和研究方法，由于考虑到知识系统本身和环境之间知识资源的交换，使知识管理从静态研究转向动态研究。

（2）知识环境因素的引入使企业知识管理从知识资源本身的狭窄范围中摆脱出来，把研究的视角放大到与知识资源相关的更为广泛的环境因素上，使研究的思路和研究方法视野开阔，研究的内容更加深入，有利于获得企业知识管理更为理想的解决方案。

（二）知识环境提供了构建企业知识网络的要素

企业的知识资源不仅仅来源于企业内部，同时更广泛地来源于企业的外部。企业对知识资源的占有与可支配能力主要依靠其所构建的企业知识网络来实现。企业知识网络是企业中群体和个人获取与利用知识的工具和手段。在构成上，企业知识网络可以根据其构成要素分为硬的网络和软的网络，即依靠现代信息技术特别是互联网技术作为支撑而建立的通信网络和以组织机构及人际关系为依托建立起来的社会关系网络。同时，根据其所处的组织内外区域的差别，我们也可以把企业知识网络划分为内部知识网络和外部知识网络两种类型。但无论企业的知识网络属于硬的知识网络，还是属于软的知识网络，是企业外部知识网络还是内部知识网络，其主要构成要素如现代信息技术（互联网技术等）、组织机构和人际关系等，又都属于企业知识环境因素的范畴。因此，从这一点来看，企业知识网络是建立在企业知识环境因素基础上的，也就是说，知识环境因素为企业知识网络的建设提供了重要构成要素。

（三）知识环境赋予知识以特定的背景和深层的内涵

任何知识都是存在于一定的社会和人文背景之下的，脱离了这些背景的限定与衬托，知识可能就会失去其应有的特定含义。比如说如果某种专业知识和技能属于机械工程师岗位，但是如果把它转移到哲学家的视野之中，可能就会失去其应有的价值，原因是它脱离了应该存在的背景。从这个例子可以看出，知识和其特定的环境因素往往是不能简单分割并独立存在的。不同的知识具有不同的知识背景（或知识环境因素），同样，不同的知识背景（或知识环境因素）也可能使同一知识具有不同层面的意义和价值。因此，在企业知识管理活动中关注知识的环境因素，特别是有利于实现企业知识能力的环境因素就显得尤为必要，因为有些知识之所以在一定时期内始终未能发挥其应有的作用，不是因为没有价值，而是因为未能和其所处的知识环境因素产生关联或相匹配，未能处于其特定的知识背景之中，从而未能被恰当的使用者所利用的缘故。

三、企业知识环境的内容

一个系统之外的一切与它相关联的事物构成的集合，称为该系统的环境。企业的知识资源也是一个复杂的系统，知识环境就是其本身之外一切与之具有不可忽略联系的事物的集合①。

企业知识环境主要包括组织外部环境和组织内部环境两个方面。其中，外部环境包括一般环境（包括政治、经济、社会文化、技术及自然环境等）和特殊环境（包括合作伙伴、竞争对手等）；内部环境包括企业的组织状况、制度建设、技术条件、文化氛围、人力资源等②。从另一个角度看，知识环境又可以划分为知识的"软"环境和知识的"硬"环境。其中"软"环境主要是指知识所处的组织人员环境、结构环境、制度环境和文化环境，而"硬"环境则是指知识的技术支撑环境。我们这里主要围绕知识的组织内部、外部环境和知识的软、硬环境两个角度开展研究。在知识环境中，人们所能够和应该做的事情，就是积极参与和知识相关的合作、沟通、学习和应用活动。企业或组织培育知识环境的目的就是为了使组织中的知识流动起来，以实现知识具有的价值。

企业知识环境因素主要包括组织因素和技术因素两种，它们的关系像自行车的两个轮子支撑着车的重量一样，对知识的管理过程给予支持。其中，组织因素包括人员、文化、制度和组织结构等，技术因素主要是指与知识流程相关的各种现代信息技术。它们将无时不在地扮演着有效的知识管理的使能者和障碍者。因此，我们有必要确定这些障碍并予以消除。或许你也将必须在现有的使能者和创造额外的使能者的基础上创建知识的环境因素，这些就是我们通常意义上所说的知识管理实施过程中存在的最大困难和挑战③。

（一）企业知识环境中的组织因素

在影响知识的两个环境因素中，毫无疑问，组织因素是更为重要的。这是因为，创造、获取、共享和使用知识等工作，都是由人来完成的，而

---

① Baimin Suo, Jiabin Wang. Knowledge Environment Management: A Solving Sheme of Knowledge Management. Industrial Engineering and Engineering Management in the Global Economy. Edited by Qinhai Ma, et al.. The Proceedings of the 11th International Conference on Industrial Engineering and Engineering Management. China Machine Press, 23 – 25 April 2005. pp. 1215 – 1219.

② 胡义、张红等：《知识管理的运作环境及对策研究》，《科技进步与对策》2002 年第 7 期。

③ Developing the KM environment ［EB/OL］. http：//www. nelh. nhs. uk/knowledgemanagement/ km2/developing. asp.

人员恰好是组织因素中一个重要的构成部分。现代信息技术虽然也可以对知识管理提供帮助和产生促进作用，但是归根到底是由人来完成对这些技术的应用。只是大多数组织往往是在一段痛苦经历之后，才深切地体会到这个道理的。在早期的知识管理实践中，许多企业最初往往把焦点关注于直接与成本相关的流程和技术上。当他们在最早的技术系统中做出了重大的投资之后，才发现他们的员工很少去使用它们，最终导致这些系统胎死腹中，成为所谓的"知识管理坟墓"。自此，知识管理的倡导者逐渐认识到，只有人员和与之相适应的其他组织因素才是决定知识管理成败的关键。因此，从本质上说，当我们向企业中导入知识管理的时候，我们首先考虑的是知识组织因素的作用和影响。

有效的知识管理通常需要一个"知识导向型"的组织文化来达到成功。那么，组织文化是什么呢？简言之，组织文化就是管理者和员工的行为方式。更完整的回答是，组织文化是组织中由人所深深把握的一套价值观、信念、设想和态度。它们影响着人们制定决策和行事的方式。在只认可个人成功的组织中，人们因为他们拥有的知识而受到奖励，而共享知识却得不到任何激励。在一个倡导知识共享的组织文化中，人们不仅因为他们拥有的知识而受到表彰，而且也因为他们愿意共享所拥有的知识和为团队发展做出知识的贡献受到群体的认可和奖励。

此外，有效的知识管理也需要个体行为的改变与之相适应，这是组织制度的目的与要求。如果知识管理对组织而言是新的，那么，它就需要个体行为做出相应的改变。为此需要建立规范的制度来调节并引导个体的行为按照组织的目标和要求去采取行动。这种制度安排既包括激励内容，同时也包括约束的内容。在组织制度下，个体必须被鼓励去把知识管理活动融合到他们的日常工作中去。这包括当他们有问题或疑问时，发现和使用现有的知识，而不是重新投资和重新发明；与他人共享他们拥有的知识；向别人的经验学习以及帮助别人向他们学习。当个人的行为在很大程度上与制度规范相适应并成为组织的一种职能时，他们更容易作为知识共享的制造者或促进者而被组织确认。这是访问组织当前知识目标的背景、发现组织知识问题和把握组织员工日常与知识相关工作内容的最佳途径。组织通过制度改变员工的行事方式以及通过向他们展示新的工作方式，不仅可以改变他们的行为举止，而且可以影响他们举止的潜在的驱动力。

　　著名知识管理专家麦耶斯认为："没有组织设计作为有效知识管理的杠杆力量，在知识密集型经济中取得成功的困难将逐渐增加。"企业的组织构架决定了知识流的运行方式，良好的组织设计会使得个人和组织的获取、整理和传输知识更规则、更恰当和更有效率。因此，有效的组织结构是知识管理成功实施的组织保障。

　　（二）企业知识环境中的技术因素

　　正如我们所知，技术因素是知识管理初始阶段的许多重要的使能者之一。技术可以从两个主要方面支持和促进知识管理：一方面，它在诸如电子图书馆和最佳实践数据库中为人们提供组织、存储和获取显性知识及信息的方式；另一方面，它有助于在人员之间建立联系，以便他们可以通过诸如白页①、群件或视频会议等技术手段共享知识和经验。

　　早期企业对技术的热情多数是由对显性知识的过度关注所驱动的，这种关注在于使有用的知识被记录下来并进入高层次的数据库。然而，知识80%以上的内容始终是存储在人的大脑之中，因此，人们对于在人员之间支持沟通与协作的技术有日益增长的兴趣。

　　技术在减少人们为共享知识和信息所付出的成本、时间和努力的同时，可以增加组织和个人的价值。尽管如此，如果它没有同组织的需求、同人们的工作方式密切结合，或者如果它导致信息过载并且人们因此可能不再想弄清它究竟是什么的时候，那么即使组织拥有世界上最好的技术，知识管理也难免会招致失败。从这一点来看，技术对于知识管理的重要性不能被过分强调或夸大。

　　事实上，技术在知识管理活动中只能实现我们的某些或极少一部分需求，而且实现这些需求的情况更严格地依赖于技术背后对于知识的管理，即内容管理和分配知识的任务。尽管有许多可以帮助促进个体和组织在访问与共享他们知识方面更有效的工具，但是我们把这种知识共享工具的开发程度更多地依赖于良好的知识管理，而不是如何找到这种最佳的技术。换言之，技术本身并不创造共享的知识，它需要来自于人员和流程的支持并与之相结合。托马斯·达文波特曾指出，在技术上的投资就成本和努力

---

　　① 白页意指包括个人地址、电话及电子邮件等通信方式的目录查询服务。它与黄页相对应，黄页是针对企业、政府等组织的，而白页是针对家庭和个人的。

而言，应该处于全部知识管理努力的 1/3 以下，否则就将导致知识管理在某些地方出错。

第二节　企业知识环境的建设

知识环境因素就像是构筑企业知识管理大厦的基石，正是由于它们的存在，确保了知识管理活动的有效实施和正常运行。在这个过程中，知识环境因素是通过知识网络紧密地联结在一起而发生作用的。因此，对于企业来说，知识环境建设工作的目标绝不仅仅是为了明确环境因素的构成及其价值，更重要的是如何通过企业知识网络，使这些独立而分散的环境因素联结在一起，形成环境体系共同发挥作用。

正是基于这一点，我们有必要了解知识网络的内涵。所谓知识网络就是一个具有模块化结构的企业知识活动的组织系统，在这个系统中，企业知识活动的实体（个体、群体和组织）间具有某种内在的必然的关系，这些实体具有共同的洞察力和关注点，并且嵌入在集体的与系统的知识资产创造与共享的动态关系的工作环境中，它不仅可以使企业传递与共享其可用的无形资产，而且可以使企业发挥其潜在的认知协同优势。因此，知识环境建设的首要任务就是知识网络建设，而知识网络建设主要分为企业内部知识网络和外部知识网络的建设及内外知识网络的协同。

一、企业内部知识网络建设

从企业知识管理的系统框架来看，企业内部知识网络的主要构成要素就是企业知识环境的内部因素。企业知识环境的内部因素主要包括企业的组织因素和企业技术因素。

（一）知识环境的组织因素

组织因素是知识环境内部因素的重要构成要素之一。知识环境的组织因素主要包括知识环境的组织人员因素、组织文化因素、组织制度因素和组织结构因素四个方面内容。

1. 知识环境的组织人员因素

在知识管理活动中，人始终是其中的一个特殊的群体。他们不仅是知识管理活动的执行者，即知识管理活动的主体，同时，也是知识资源的载体或承载者。他们在知识管理活动中扮演着多种复杂的角色。因此，这里我们从组织的角度把人员作为知识管理的一个重要环境因素首先提出来，进行深入的分析。

作为知识环境的一个构成因素，知识环境的组织人员因素主要具有以下五个方面的角色特点：

（1）他们既是知识的应用者，又是知识的承载者。

（2）他们既是显性知识的承载者，又是隐性知识的所有者。

（3）他们既是知识的存储者，又是知识的传播者。

（4）他们既是知识的管理者（主体），又是知识的被管理者（客体，作为知识环境因素）。

（5）他们既是知识管理的促进者，又可能是知识管理的阻碍者。

由于知识的组织人员因素具有以上五个方面的特点，因此，在知识环境中，该因素主要具有以下几个方面的作用：

（1）知识的组织人员因素是知识管理活动的动力来源。他们在知识管理的各个领域中特别是知识活动系统中发挥着重要的推动作用，他们不仅在知识开发系统中发挥着重要的作用，而且在知识的应用系统中扮演着重要的角色，同时，他们也通过知识培训系统实现知识的有效传递和增值。

（2）知识的组织人员因素是知识管理的工具或媒介。由于他们是知识，特别是隐性知识的重要拥有者，他们使这些隐晦的和难以编码的知识以明确的实体呈现在我们面前，使我们认识到，只要对这些人员能够实施有效的管理，就可以间接地达成对隐性知识管理的目标。

（3）知识的组织人员因素是知识转换的有效途径。他们利用头脑中的智慧，不仅能够实现显性知识与隐性知识的相互转换，而且可以实现不同个体间、个体与群体之间以及各群体之间知识的传递。

（4）知识的组织人员因素也并不总是知识的倡导者和促进者。由于拒绝共享其所拥有的知识或经验，抑或由于来自文化与制度等方面因素的影响和制约，有些人员在知识管理活动中往往也会扮演着知识管理阻碍者的角色。

2. 知识环境的组织文化因素

如果希望知识获取、沟通、共享和创新的活动顺利进行，我们就应该有目的地构建一个有利于发现人、培育人和使用人的全新的企业文化——学习型组织的文化。这是一种有助于知识共享、尊重他人和促进互相学习的文化，一种宽松、自由的文化，一种个人和组织之间实现知识权威和利益"双赢"的文化①。

　　知识由人来具体表达，人就是它的中心。企业管理者应该始终坚持这种"以人为本"的信念，构建一种"以人为本"的文化，强调企业中人的主体地位并关注人的实际能力。在这种文化氛围下，每个雇员都将获得一种归属感和成就感，从而把个人的利益融入集体之中，促进员工个人积极学习和创新，并且愿意为实现组织的目标而共享知识和信息。美国施乐（Xerox）公司的知识管理正是从强调人的重要性，着重工作实践和构建"以人为本"的企业文化开始的。

　　托马斯·达文波特和劳伦斯·普鲁萨克（Thomas H. Davenport & Laurence Prusak，1997）②指出，乐意接受知识的文化是知识管理项目成功的最重要条件之一。因此，构建"知识导向型"文化的价值体系是减少知识扩散障碍的一个有效方法。"知识导向型"文化主要包括以下三个方面的内容：（1）对知识有积极的价值取向；（2）文化中不存在对知识的禁锢；（3）知识管理项目的类型适合其文化。"知识导向型"文化的关键要素是在一个持续学习、共享和鼓励尝试的环境中营造一个诚信和开放的氛围。在这种文化氛围下，企业员工对知识有积极的倾向和强烈的好奇心，并驱使他们自由地探索知识，而且他们的知识创造活动能够得到来自高层管理者的支持。同时，企业员工也愿意同其他人交流与共享知识、经验和技能，不必担心因为分享他们自身所拥有的知识、经验和技能而失去工作和损害自身的利益。

　　同时，知识共享与创新的文化也是一种"宽容"的文化。知识创新活动具有高成本和高风险性，并且随着知识生命周期的缩短和知识更新速度的加快，知识创新的长期性和知识使用的短期性构成了一对矛盾。这些都限制了员工知识创新的积极性。因此，在构建企业知识环境过程中，营

---

　　①　张建华、刘仲英：《知识管理环境营建策略》，《科学管理研究》2003 年第 5 期。

　　②　Thomas H. Davenport，Laurence Prusak，*Working Knowledge – how Organization Manage What They Know*［M］. Harvard Business School Press，Boston，1998.

造的组织文化应该是一种"宽容"的文化。这种宽容性主要表现在它可以在一定的限度内允许员工的失败，并在一个宽松的环境中把个人的潜能最大限度地表现出来，真正使知识在企业内部全方位扩散和创新。

3. 知识环境的组织制度因素

知识环境的组织制度因素的提出，主要由于知识管理工作是面向全体员工的，让众多的员工改变其原有的日常工作习惯是一件很困难的事情。因此，有必要建立一套严格的制度来保证，从而将知识管理与员工的日常工作紧密地结合起来，将知识管理与员工的能力考核结合起来，将知识积累创新与员工的激励结合起来，从而改变人们的传统观念与习惯以形成新的企业文化。

著名知识管理专家托马斯·达文波特在其提出的"知识管理十项基本原则"[1] 中指出，分享和利用知识往往是一种非自然的行为，这表明隐藏知识并持疑问的态度看待来自他人的知识是人与生俱来的倾向，获取和共享知识是艰难的过程。因此，建立知识的交流、共享、创造与重用的制度或者说激励机制就显得非常关键。

这种知识的制度安排主要可以由知识运行制度、知识明确制度、知识能力制度和知识奖惩制度构成（见图3.2）[2]。

知识运行制度主要是通过建立包括市场信息的收集制度、对待创新的宽容制度、企业知识标准与分类制度、文档收集与更新制度、知识型项目管理制度、外部知识内化和知识宽松制度等来促进知识的创新、共享与应用。

知识明确制度就是通过建立企业知识管理阶段性目标发布制度、员工知识成果申报制度和知识产权制度等，来确保企业知识管理目标与员工的知识成果清楚而明确地展现出来。

知识能力制度则是以企业员工知识成果稽查与考核制度和知识成果价值评价制度为基础，对员工上报的知识成果进行审核与评定，确定其应有的业绩和效果。从而确保员工知识成果的真实有效，以及为知识成果的奖励和知识成果的贡献提供判定和参考的依据。

---

① 张建华、刘仲英：《知识管理环境营建策略》，《科学管理研究》2003 年第 5 期。

② 李凤云：《基于新型企业观的知识流管理》，《中国质量》2004 年第 2 期。

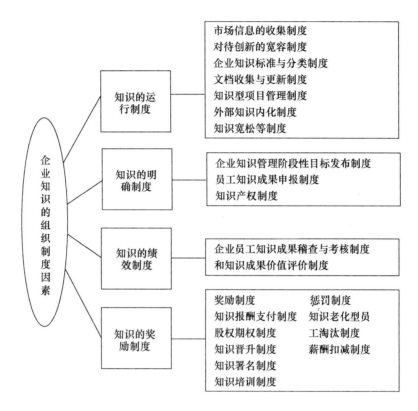

图 3.2　企业知识的组织制度构成

资料来源：根据张润彤等编著的《知识管理概论》（首都经济贸易大学出版社 2005 年版）第 295 页改编。

　　知识奖惩制度就是从奖励制度与惩罚制度两个方面入手，把员工知识工作及知识成果具体化为员工愿意接受的不同形式的收益，并对超额完成目标的员工实行奖励，对达不到目标要求的员工实行惩罚。通过奖惩制度不仅要达到知识成果价值在员工个人身上的具体体现，而且要让员工感受到企业对员工个体的知识工作情况的认知状况。

　　4. 知识环境的组织结构因素

　　目前，等级制组织结构在企业推行知识管理过程中已经成为最大的障碍之一。在这种等级制的组织结构下，员工只能按照命令行事，而不能充分表达自己的兴趣和想法。同时，在等级制的组织结构中，由于完整的工作被高度分割，不仅作为最后阶段的员工对自身的工作缺乏全面的了解，同时也无形中割裂了企业内部信息与知识之间的相互联系，造成内部"信息孤岛"或"知识孤岛"的出现。另外，高度的分工和专业化，必然导致高度阶层化和中央集权的组织，被割裂的工作有赖于高层次职位者予以整合和协调，专门化模式下的各职能部门之间的沟通往往要由更高级主管来决定。这样，就必然会使信息和知识的传递环节增加，从而造成信息交流和知识沟通的效率下降，甚至会出现信息传递错误和知识沟通的障碍，使知识管理的成本增加。从这个意义上来看，等级制组织结构已经不能充分适应知识经济时代发展的要求，需要施以变革，以体现组织结构扁平化、弹性化、虚拟化、网络化和柔性化的特点，满足企业推行知识管理的需要。

（1）扁平化的组织结构。扁平化的组织结构是相对等级制组织结构而言的，由于等级制组织结构层级森严，会对组织内部知识和信息资源的传播产生较大的障碍，进而影响知识共享的效果和水平，因此，扁平化的组织结构的出现就是为了解决这个问题的。其具体措施就是在原有的等级制组织结构基础上削减掉其中一些可以替代的或者是对于组织功能影响不大的中间层次，并借助一些内外部因素的支持（如管理者和被管理者素质、现代信息技术等）增加管理幅度，进而促进企业信息和知识资源的有效传递与沟通。这种扁平化的组织结构主要具有以下几个方面的优点：一是它可以使企业在促进组织学习和开创性思考方面更具优势，有利于员工发挥主动性，有利于缩短知识传递的时间和空间，因而通过组织成员的相互作用可以有效地实现知识的传播、集成、分享与创新。二是组织管理层次的减少也可以在一定程度上导致管理人员数量的减少，从而大大降低成本，有助于员工个体实现工作内容的复杂化和丰富化。三是使决策的重心向下移动，这不仅有利于对企业员工潜能的开发和创造性的发挥，而且决策层次向中间层和基层的下移，也有利于改善和提高企业员工队伍的整体素质。四是由于削减中间层次减小了上下层的距离，因此可以有效地提高信息传递的速度和领导决策的效率，有利于促进上下级之间的沟通，减少决策与行动间的时滞。五是组织结构层次的减少和人员的精干，增强了员工的工作责任，增加了工作岗位的挑战性，有利于企业人才的快速成长。六是可以保证企业知识的共享和使用，在这种组织结构下，一方面企业员工可以完整地掌握一些知识，并在相关岗位职责范围内具有决策权，保证了决策实施的客观性和及时性；另一方面，知识在扁平化组织结构中流动也有助于使更多的员工接触到更多和更完整的知识，从而推动了知识的价值提升。

（2）弹性化的组织结构。弹性化的组织结构强调组织对于工作、环境等所具有的较强的适应性，是指企业为了实现某一工作目标，把在不同领域或岗位工作、具有不同知识和技能的员工集中在一个特定的动态团队之中，去共同完成某个预期目标下的项目，待该项目完成后团队成员重新回到各自原来工作的部门和岗位，这种富有弹性化的动态团队组织结构由于具有灵活便捷、进退自如的特点，且其所形成的任务小组机动灵活、适应性强、充满活力、鼓励参与，因此特别适合于个体隐性知识的创造和发挥，并与群体相结合而实现创新。弹性化组织结构优点在于不仅可以极大地降低组织的人员运行成本，而且能够促进企业人力资源的深度开发，推动企业组织结构的扁平化。同时，它也有效地保证了企业知识的获取、共享和使用，使得具有不同知识背景的员工有机会在工作环境中进行充分交流，使得多种知识在融合中创造出更有价值的知识，实现知识在具体工作领域中的共享和增值的目标。

（3）虚拟化的组织结构。虚拟化的组织结构是领先信息技术而形成的临时网络，是组织结构的一种新型表现形式，它要求管理者具有较强的协作精神和系统协调、整合能力，要求合作者之间建立相互信任的关系，并在生产经营环节中准确无误地运行，虚拟化的组织结构促进了知识的共享与增值，它可以最大限度地积累各方面的知识，方便知识的获取、共享和使用。

（4）网络化的组织结构。企业组织结构的网络化主要表现在以下几个方面：

第一，企业内部网络化。这种组织结构主要是为了消除或降低过去等级制组织结构对企业内部知识的获取、共享和使用所产生的不良影响。在企业中，如果知识不能同现有的知识建立起必要的联系或为人所利用，就是没有价值的。通过建立网络化的组织结构就可以消除这种内部障碍，并在企业内部建立起一个不断更新的知识网络，这样，知识就可以借助电子信息交流形式来规避因面对面接触时政治、等级、资历等因素所造成的交流障碍，进而提高知识传递和应用的效率。

第二，信息传递的网络化。随着网络技术的不断成熟、发展与广泛应用，企业的信息传递和人际沟通已逐渐走向数字化和网络化。信息技术架构是知识管理的基石，信息传递的网络化环境是知识管理实施的必要条件。

第三，企业外部联系的网络化。这主要是因为，一方面具有共同利益基础的企业集团大量涌现；另一方面，随着知识经济的到来，企业边界的日益模糊，企业外部的客户、合伙人、联盟成员以及其他的利益相关者（产品的补缺者、追随者等），甚至竞争对手也将被看做是企业网络化的成员，从而形成企业的外部网络。企业外部网络是无限的和动态的，企业管理的核心问题在于能否有效运行并尽可能将来自外部的知识资源内化到企业内部知识库之中，以保证企业内部与外部知识的系统性和连续性。企业外部联系的网络化可以促使各企业的知识资源在网络内的各企业之间有效流动，这在一定程度上为知识资源的积累与更新创造了发展的新渠道和新空间。

第四，企业经营的网络化。现在的企业正在通过发展连锁经营（如加盟和特许经营等）和商务代理等方式，迅速形成一个庞大的销售网络体系，使得企业的营销组织呈现出高度网络化的特点。因此，企业经营网络化是内部网络化和外部网络化共同的和具体的体现，是不断推进企业知识管理有效实施的必要保障措施与手段。

（5）柔性化的组织结构。柔性组织的本质特征之一就是创新，创新的过程需要应用知识，富于高创新性的组织往往更擅长知识的创造、获取、整合、传播和使用等活动。因此，柔性化的组织结构是基于知识创新活动的一种组织结构，它的特点主要表现在以下几个方面：

第一，这种组织结构能有效地实现集权与分权的统一。柔性化组织一方面通过保持松散性、适度的分权和差异性来促使员工形成主动和快速反应的创新与创造能力；另一方面又借助相对严格的集中管理，来适度保持企业管理战略所应有的内聚力，以管理组织结构内一系列具有相互依存关系的组织单元，从而降低和减少组织决策与管理行动中存在的时滞。

第二，这种组织结构确保了组织稳定性和动态性的共同要求。柔性化的组织结构在使自身不断提高环境的适应性和反应的灵活性的同时，并未引起内部决策和管理的不协调与混乱。这主要得益于企业的合理变革方式。这种变革主要是通过更广泛地依赖组织微观层次的变化和核心雇员的重新配置来实现，从而降低了因变革所引发的震荡强度。另外，柔性化的组织结构一般是通过来自专家、顾问的知识来取得和提高自身的柔性的。

　　第三，这种组织结构体现出单一性和多样性的复合特性。这种柔性化的组织结构体现了组织管理的多维概念，需要灵捷性和多面性，与变化、革新和新颖相联系，与稳健性和复原力相联系，预示着稳定性、持续的优势以及能力随时间而变化。

　　这种组织结构有助于实现企业的知识整合、建立知识联盟以及完成知识联网，促进知识管理思想的丰富与发展，为知识管理的有效实施奠定基础。

　　5. 知识环境的各组织因素之间的关系

　　知识环境的各组织因素之间的关系如图 3.3 所示，各个因素按照相关

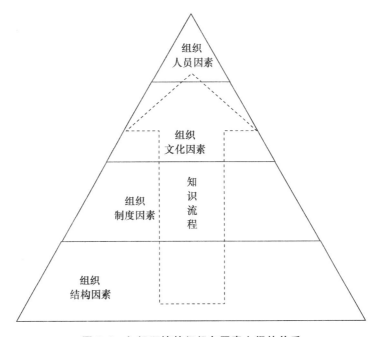

图 3.3　知识环境的组织各因素之间的关系

的重要程度由低至高排列成金字塔形状。其中，知识环境的组织结构因素作为基础性因素排列在第一层，而知识环境的组织制度因素和文化因素作为保障性因素则依次排列在第二层和第三层，人员因素作为以上三个因素的统筹者和具体实施者，它处在地位最高的顶层，这四个因素围绕企业知识流程运行活动开展工作。

（二）知识环境的技术因素

《论语·卫灵公》中孔子答子贡曰："工欲善其事，必先利其器。"意思是工匠要把工作做好，就必须先使工具精良。作为创新管理模式的知识管理，也不例外。如果没有技术的强大支持，企业也很难有效地实施知识管理。因此，构建以信息技术为基础的知识环境也是企业在实施知识管理过程中应该考虑的一件重要事情。正是因为如此，大多数公司在实施知识管理初期，首先考虑从技术角度开始知识环境建设。它们往往致力于安装 Notes、Lotus Dominos 软件或者开发建设内部网，然后通过这些工具搜索、分发内容。尽管真正意义上的知识管理实施策略不能以技术为中心，但是对于成功的知识管理项目而言，技术基础的确是不可缺少的。实际上，大多数公司将以知识为基础的软件服务于其他用途（如电子邮件、数据或信息显示等），因而从技术方面入手开始知识管理并不浪费时间，相反却由于有了前期的准备而显得相对容易得多。因为知识技术环境的许多基础设施建设工作是迟早要做的。另外，从知识环境的技术因素入手，也是适应当前企业信息化建设的需要。

1. 企业信息化背景下的知识环境的技术因素

知识环境的技术因素主要是指企业在信息化建设过程中形成和应用的一系列知识管理技术。因此，这里的知识管理技术是指个人或组织将获取的知识进行加工，使其变得更加合理和有效，并将其发送出去的一系列技术，是知识管理的推进器[①]。正如我们所知，许多知识管理技术是起源于信息技术的，只是它们在知识管理背景下和活动中被赋予了一系列新的作用和职能。因此可以说，这些知识管理技术的产生与企业信息化建设息息相关。知识管理技术主要由知识发现技术、知识库技术、智能代理技术、群件技术、知识网络技术和集成这些技术的知识管理系统构成。正确评价和运用知识管

① 李玉琼、邹树梁：《知识管理技术进化历史探析》，《情报杂志》2002 年第 2 期。

理技术，对企业导入和有效实施知识管理具有十分重要的作用。

（1）知识发现技术。知识发现（Knowledge Discovery，KD）也称在数据库中的知识发现（Knowledge Discovery in Databases，KDD）就是从大量的数据中提取有用知识的过程，这个过程的目标是在数据中确认有效的、不为人知的、具有潜在用途的且最终可理解的模式[1]。

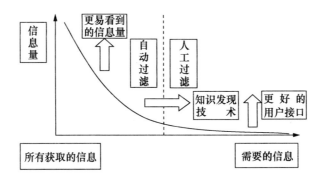

图3.4　信息过滤过程

知识发现系统通过使信息更易获取、更易加工和使用而增加信息的价值。信息更易获取，是因为被改善的搜索引擎允许知识发现系统从迅速增长的数据库中收集相关信息；信息更易加工，是因为信息可以在工作流，或在使用数据虚拟技术的更高密度条件下在恰当的时间显现；信息更易使用，是因为已经发现的规则和规范，可以被更加紧密地集成到工作流和协作网络系统中。

图3.4表现的是大量的、不断增长的信息被用户检索和提取的过程[2]。垂直虚线右侧代表的是对更多的、定制的和精确的信息需求。大量的无用的和不恰当的信息通过规则被自动过滤，但是，人工过滤的方法也是必要的。垂线代表自动和人工过滤间的界限。假定垂线的左侧代表在互联网上可以获取的所有信息。网络通过向搜索工具中输入关键词或简单的

---

① Liebowitz J. *Knowledge Management Handbook*［M］. Boca Raton：CRC Press LLC，1999，pp. 9 －4，11 －5，13 －3，13 －5，13 －6.

② 李玉琼、邹树梁：《知识管理技术进化历史探析》，《情报杂志》2002 年第 2 期。

质询来完成搜索。这样便可以自动地把网页从几十亿个减少到几千个。知识发现技术的目标是利用与用户和用户目标有关的知识，把自动过滤的界线向右推。同时，已经被开发的更好的数据虚拟技术允许用户同步浏览并与成千上万的数据点协同工作。数据虚拟技术可以被看做"人力参与环流"的知识发现。

　　知识发现主要通过图 3.5 所示的由法亚德（Fayyad，1996）① 提出来的六个步骤实现的。这个过程是从原始数据构成的山谷开始的。一些原始的数据通过质询或过滤器而成为被选择数据。这些被选择的数据经过预处理后，可以根据需要，变换成规范的单元，确定价值范围或定量化，以便使它能由分析软件做恰当的处理、加工。用于分类、聚群或回归的模型认知演绎方法，可以应用于从转换数据到发现和表征数据特征的模型中。这种模型认知步骤一般称作数据挖掘。最后，通过数据挖掘步骤被确认为有意义的模型，在一个特定的应用背景中或在决定对现存知识是否有贡献中加以分析而形成知识。

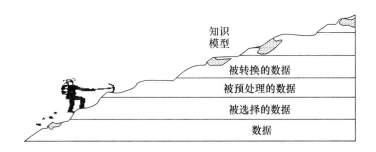

图 3.5　知识发现的步骤

　　（2）知识仓库技术。知识仓库（Knowledge Depository，KD）是面向一类具有相同知识信息需求的组织，根据其需求的知识结构特征和层次范围，从指定的信息源中筛选、分类、编辑而成，并通过各种媒体进行动态更新的数据库。知识仓库技术主要包括知识仓库、知识地图等技术。

　　知识仓库是包括人类的显性知识和隐性知识的一个系统，这些知识以

① 李玉琼、邹树梁：《知识管理技术进化历史探析》，《情报杂志》2002 年第 2 期。

有序的、即时的和多样的方式供给人们使用。在当前的技术条件下，知识仓库只能将人们的显性知识借助现有的计算机数据库技术及网络技术，有序组织、存储并尽可能地提供即时的及多样化的服务。随着数据库和网络技术的进一步发展，知识仓库将会根据使用者的要求，将人们的隐性知识以最恰当的方式提供给需求者使用[1]。

知识仓库（见图3.6）由内部结构和外部环境构成。其中内部结构分为结构化内容和非结构化内容。结构化内容包括知识元库、专著、教材、工具书和各领域专业知识等；非结构化内容包括组织记忆与组织直觉、专家技能与经验等。外部环境则由问答系统、专家经验、解决方案和培训内容等构成。知识仓库中的结构化和非结构化内容始终处于动态的变化过程之中。它们不断地从外部环境中获取各种形式的知识，也不断地根据使用者的需求，提供恰当的知识和相应的问题解决方案。知识仓库主要用于企业知识资产的生产、即时处理及管理工作。它可以向企业提供了解和管理企业外部的知识，并伺机将其适当部分转化为企业内部的知识；还可向企业提供知识管理的工具，加强企业的知识管理，促进企业知识创新、产业升级及全面进步。

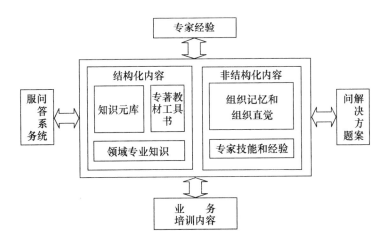

图3.6 知识仓库结构图

---

① 李国强：《知识仓库技术及其应用》，《现代情报》2002年第6期。

知识地图（Knowledge Map，KMap）技术是用于帮助人们在恰当的位置获取知识的技术。知识地图是知识库技术的重要组成部分。与知识仓库不同的是，知识地图并不描述知识的具体内容，而是描述知识的载体信息。知识地图是最早的、最成功的知识技术之一。它能够显示出组织知识的重要资源，这些资源既包括重要的文件等程序、各种形式的编码知识，也包括附着于人力资源身上的未编码知识。黄页（Yellow Page，YP）是一种类似于传统电话号码簿的企业知识地图。企业会根据知识门类将那些拥有有价值知识的人的地址和电话号码等联系方式标在知识地图上，这样可以帮助企业有关部门了解企业内知识分布的大致情况，也可以帮助管理者知道谁拥有企业所需的技术诀窍[①]。

（3）智能代理技术。近年来，互联网技术的普及为加速各种不同知识的创造和扩散提供了广阔的机会。然而，这种非结构化的网络实体也容易产生信息和知识过载的问题。拉斯默斯（Rasmus，1996）[②] 和西尔弗曼等人（Silverman，1995）[③] 设想利用智能代理技术作为一种更有意义的解决方法来改善和促进这种过程。

智能代理是能把握它所处环境的状况，并根据用户（或一个程序）的行为实施一套操作的软件实体。智能代理常常与用户的目标、愿望和知识相联系，具有自主性、反应性、适应性、协作性、敏捷性、移动性、时续性和人格性。当用户授权一个新任务后，智能代理应该能够准确地确定它的目标，评估达到这个目标的有效方式，并且采取某种必要措施。智能代理也有能力向经验或教训学习，并且运用推理策略对未预见的情况做出反应。此外，智能代理通常需要与共同实施任务的其他代理产生互动。

智能代理有两个主要应用的技术类型：个人助手代理和合作代理。个人助手代理关注的是用户和计算机间的互动，是按照用户的行为方式执行重复和繁重任务的程序。它与常规软件间的区别在于：一是利用机器学习技术，以适应用户的习惯和偏好；二是利用自主的推理，能够决定什么时

---

① 樊治平等：《知识管理研究》，东北大学出版社 2003 年版。

② Rasmus, D. W. Mind Tools: Connecting to Groupware [J]. PC AI, Sept/Oct, 1996, 32 – 36.

③ 李玉琼、邹树梁：《知识管理技术进化历史探析》，《情报杂志》2002 年第 2 期。

候帮助用户，帮助用户做什么，怎样帮助用户。尽管智能代理在单独使用时给用户提供了重要帮助、创造了重大的价值，但是对各种智能代理间交换信息和服务的合作代理程序的需求目前正在不断增加。合作代理更加关注不同代理间的互动。这些被致力于研究的基本问题是那些关注于在地理上被分散、在庞杂的硬件平台上被执行的代理间的互动。这种互动将极大地改善单个代理的功效。

目前，网络中已有的大多数搜索工具还不能向用户提供即时的知识。为了更快、更有效地完成知识搜索工作，用户必须意识到组织知识中的变化。在那里，问题妨碍了对作为知识管理工具的网络的有效使用。智能代理恰好可以按照用户的行为方式执行重复和平凡的任务，从而推动知识管理的运作。

（4）网络技术。网络技术主要由互联网、语义网和网格三个层次构成。

互联网又称为环球网和因特网，是符合 TCP/IP 协议的多个计算机网络组成的一个覆盖全球的计算机网络。同时，它也是一个包含丰富知识资源的联机服务网络，能提供包括电子公告牌、网络新闻组、电子邮件和最新消息在内的各种信息和知识资源。互联网的大多数内容是为人们阅读而设计的，但是由于互联网没有能力进行语义上的处理，当人们利用搜索引擎检索信息的时候，不得不面对大量冗余的信息。为了使互联网发挥出它的全部潜能，必须将它进化为具有语义处理和识别能力的新的智能网络。

语义网的目标是对现行互联网的扩展，使整个互联网实现自动处理，全部内容易于使用，建立一个遍布全球和可理解的平台，允许知识自动共享和处理。"语义"一词源于希腊文，意指"内涵的关联性"。语义网是一种智能网络，能在语义层面上实现知识的交流与共享，并把使用者直接引领到他所希望达到的信息交互界面。

语义网能够建立一种通过软件实现网页间复杂工作链接的环境，并赋予信息一些特定含义，使得计算机和人之间更容易协同工作，它不是对传统互联网技术的否定，而是对其功能的扩展。语义网在知识管理中的作用可以概括为：实现语义层次上知识的查找、积累和共享，在互联网上实现知识的管理。语义网赖以实现的基础是以下三项基本技术：XML、RDF和 Ontology。XML 是语义网最重要的前提和基础。它为计算机提供了可分辨的标记，定义了每一部分数据的内在含义。RDF 是一种用于支持语义网的语言，就好像 HTML 支持传统的互联网。RDF 是为互联网开发的一个支持资源描述的框架或元数据。它提供了一个支持 XML 数据交换的结构。Ontology 是网页上的分类和推理法则。分类定义了不同的类和它们之间的联系。人们可以通过定义类和子类表明大量关系。Ontology 的推理法则提供更强大的功能，人们可以通过简单的样式实现精确的查找。

网格（Grid)[1] 则是把整个互联网整合成一个实现计算资源、存储资源、数据资源、信息资源、知识资源和专家资源的全面共享的知识库。网格的思想早在 1950 年就提出了，但对网格的深入研究却是近十几年随着高性能计算机与网络技术的出现才开始的。计算机的应用模式，经历了终端—主机模式、客户—服务器模式、浏览器—互联网（Web）模式，正在向客户（浏览器）—虚拟计算（服务）环境模式发展。网格就是形成虚拟计算和信息服务环境的基础设施。随着网格研究的进展，出现了很多与网格相关的技术名词：元计算（Meta Computing）、对等计算（Peer—to—peer Computing）、分布计算（Distributed Computing）、计算网格（Computing Grid）、信息网格（Information Grid）、知识网格（Knowledge Grid）、数据网格（Data Grid）、访问网格（Access Grid）、互联网服务（Web Service）等。计算网格是指对网络上各种节点设备计算和处理能力的共享，处理对象是二进制代码。数据网格和信息网格是指对网络上数据和信息的共享，而知识网格则强调对网络知识的共享。这四者的关系如图 3.7 所示。在知识网格的条件下，用户不必了解所需要的知识的具体位置。对于用户而言，这些知识是完全透明的，也就是说，未来整个网格就是一个庞大而有序的知识管理系统。

图 3.7　网格层次

---

① 王德禄：《知识管理的 IT 实现——朴素的知识管理》，电子工业出版社 2003 年版。

（5）群件技术。群件（Groupware）就是以计算机网络为平台提供群体协同工作的软件。是一个描绘支持人与人之间合作的电子技术的包罗万象的词汇。

群件的构成如图3.8所示。虚线围绕的部分即是群件的构成主体。企业的员工、业务单元是群件应用的主体；专业技术、解决方案库、客户情况和市场等是群件作用的对象。通过群件，企业的员工和业务单元之间可以就专业技术、解决方案、客户情况和市场等方面出现的问题，跨越地理和时间上的差异，共享知识，实现合作。

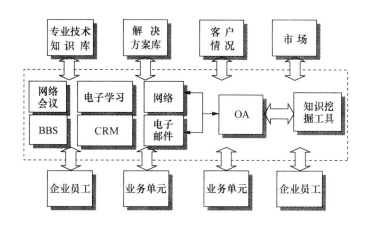

图3.8 群件的构成

群件为组织和员工提供了知识共享、业务协作的基础沟通设施，是基于计算机网络技术在知识管理应用的重要技术之一。群件结合了文件数据、信息传输系统及系统设定的能力，使组织和员工可借助它创造知识管理应用系统。群件的核心是以网络会议、BBS和电子邮件等为依托的讨论区，是一个可供企业员工之间以及与外部环境之间开展议题讨论、建议、决策沟通及储存的地方。通过群件的使用，企业可以减少许多重复的会议和人员之间的对话，这样就在沟通方式上克服了时间的限制、地域的间隔与僵化的组织层次的阻碍，从而极大地促进了业务单元之间的协作，大大地降低了组织运作的成本，提高了组织内与组织间的知识共享与交流。

（6）知识管理系统。没有强大的知识管理技术支持，企业很难有效地实施知识管理。在企业中，知识管理技术的核心部分则是企业知识管理系统，如图3.9所示。

知识管理系统（Knowledge Management System，KMS）以如何增加信息含金量，加强信息服务的及时性和准确性为目标，是企业管理技术、信息技术、网络技术和智能技术有机的结合体。知识管理系统通常以一些熟悉的技术为基础，如内部网（Intranet）、群件（Groupware）、数据仓库（Data Warehouse）、专家系统（Expert System）、推送技术（Push）和智能搜索（Intelligent Search）等。

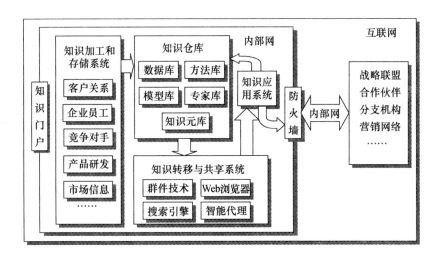

图3.9   企业知识管理系统的构成

在知识管理系统中，有一些典型的部件，其中包括：（1）知识加工和存储系统，用以本地或远程知识的收集、加工和处理；（2）全球网络，由网络控制设备、网络传输介质、网络连接设备和网络软件系统构成，是一个面广、高速、数据丰富的电子通信网络；（3）知识库，由数据库、方法库、模型库、知识元库和专家库组成，使用数据仓库技术、专家系统、数据挖掘和知识发现技术；（4）软件工具，包括用于生成知识的分析工具及用于协同工作的群件技术、用于服务的智能代理技术、用于网上搜寻的Web浏览器和检索引擎等；（5）多媒体表示和多样人才汇聚。

知识管理系统的功能主要是：（1）知识的表示与管理。对数据的模式识别、统计和数学分析、处理而得出有价值的关联或趋向，经过群体协作、过滤和语义技术将信息转化为知识。为使用户能有效地利用知识，必须将数据仓库化、集成化。（2）知识的积累与传递。知识积累是利用网上知识库引擎，根据问题分析，确定知识路线，获取知识。知识传递则依托于企业网络。（3）知识挖掘与再生。知识挖掘是从源数据、目标数据、预处理数据、转换数据、数据开采、数据模式到知识的多步骤连接、反复进行的人机交互过程。知识再生是信息认识和再加工的过程。（4）知识利用与评价。是对知识使用的效果、效率和价值进行测评，测评范围包括知识管理的应用平台、系统功能、知识源、运作方式和应用效益等。

2. 在构建企业知识的技术环境时注意的问题

以上六种技术对于构建企业知识环境的技术因素都具有重要的作用。但是，这些技术在实施过程中应该注意以下两个方面的问题①：

（1）知识环境的技术因素必须和企业知识流程相结合。知识流程是指企业的核心资源——知识在企业内各个知识驻点之间为创造价值而形成的一系列积累、共享、交流的过程。企业的知识流程包括显性部分和隐性部分两个方面。其中显性部分可以通过信息流程方式表现出来。而表现为组织结构、组织制度和沟通方式等方面的隐性部分的知识流程，则需要更多地借助有效的知识环境的技术因素的配合来充分发挥作用。在企业中，应该注重知识环境的技术因素与企业知识流程之间的适应性。这种适应性不是让企业的知识流程去服从于知识环境的技术因素，成为技术的附庸，而是应该根据知识流程自身内在的特点，并结合知识环境的技术因素的特征，为这些流程"量体裁衣"，定制相应的知识技术。这样才能既保证知识流程的正常运作，又能提高知识环境的技术因素应用的成功率。

（2）知识环境的技术因素的应用必须融入企业文化和沟通环境中去。对企业而言，知识环境的技术因素只是一种"硬件"。它的顺利实施，不仅取决于技术开发的水平、技术的先进性、功能的齐全性和维护的简单性等纯粹技术指标，而且与企业文化和沟通环境适应程度有关。知识环境的技术因素的根本宗旨是通过介入企业的知识流程，为知识创新活动提供工

---

① 索柏民等：《知识管理应用技术及实施中的问题》，《中国科技论坛》2005 年第 3 期。

具，促进企业的知识管理活动，实现企业的发展目标。如果知识环境的技术因素与企业文化和沟通环境发生冲突，即这些企业内部的"软件"不能为知识环境的技术因素的运作提供有利的条件，那么，对知识环境的技术因素的过度依赖性最终必然导致企业知识环境的技术因素应用和企业知识管理项目实施的失败。

（三）知识的内部网络建设

知识的内部网络主要由两部分内容构成，一是企业的技术网络，以组织内部的知识环境的技术因素为基础；二是企业的组织网络，以组织内部的知识环境的组织因素为基础。因此，企业知识的内部网络建设主要考虑这两个方面的内容，通过知识协同作用将这两个部分整合在一起共同发生作用。

在企业内部知识网络的构成中，其核心部分是企业知识活动系统与知识流程，而企业知识环境因素如知识环境的组织人员因素、组织文化因素、组织的制度因素、组织结构因素以及组织的技术因素等围绕在这个核心的周围发挥作用，另外作为企业知识网络，该体系的构成要素还应该包括来自于组织内部的知识供应者。其中知识供应者主要包括两个部分要素，一部分要素是指来自企业中的知识个体，另一部分要素则是指来自企业中的知识群体即知识团队（见图 3.10）。正是由于知识个体和知识团队的共同努力，才使作为知识库的企业知识网络中所拥有的知识资源能够始终不断地被推陈出新，适应时代发展所提出的各种要求和满足各个岗位工作的不同需要。从知识网络的体系结构来看，企业知识网络建设工作首先从企业知识环境建设开始，主要是讨论其各部分在整个网络构成中的地位、作用和相互关系，同时，也要注意企业内部知识供应者（个体和团队）在其中所发生的作用，特别是在知识提供与知识更新中的作用，应该借助组织及技术因素为知识供应者创造可能的环境支持。

二、企业外部知识网络建设

当然，对企业而言，知识的环境绝不仅仅是来自于企业的内部，在企业外部也存在许多制约企业知识活动过程的环境因素。正是这些知识的外部环境因素构成了企业知识的外部网络。由于企业知识管理也是一项战略管理活动，所以，我们在选取外部知识环境因素时借鉴了战略管理中的环境分析的内容和方法，把企业外部与知识活动相关的环境因素划分为两类，即组织知识的外部一般环境因素和组织知识的行业竞争因素。其中，

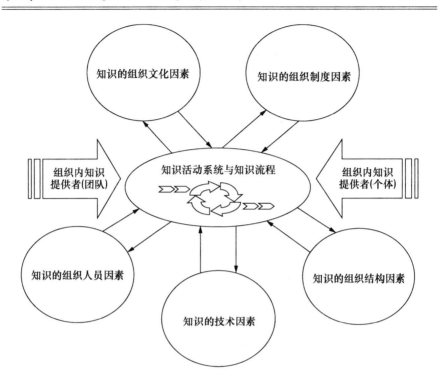

图 3.10　企业内部知识网络图

组织知识的外部一般环境因素主要包括政治环境因素、经济环境因素、社会—文化环境因素、技术环境因素和自然环境因素等几个方面。知识的行业竞争因素主要包括行业内现有企业的竞争、潜在新竞争者进入的威胁、替代产品进入的威胁、供应商讨价还价的能力和购买者讨价还价的能力。

组织知识的外部一般环境因素和组织知识的行业竞争因素彼此交织在一起，相互作用，相互影响，共同构成了企业知识管理的知识战略环境因素的诸层次（见图 3.11）。这个知识战略环境因素的层次结构主要包含了内、中和外三层结构。其中知识内部因素居于中心，组织知识的外部一般环境因素居于外围，组织知识的行业竞争因素为中间层次。

（一）知识的一般环境

1. 政治环境

政治环境是指一个国家或地区的政治制度、体制、方针政策、法律法规等方面的因素。具体包括以下几个方面。

（1）国家政治制度、经济体制、政党、意识形态、政府政治稳定性对企业的影响及行政干预程度。

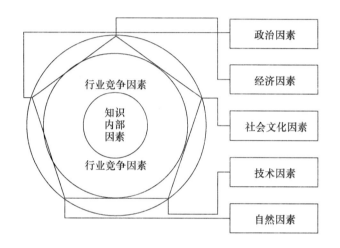

图 3.11   战略环境因素的层次

（2）国家法律法规对企业经营行为的影响。如公司法、各种企业法、劳动法、社保法、环保法、税法、外贸法等对市场和企业的行为规范。

（3）政府方针政策及其连续性、稳定性、变动或调整。政府运行经济杠杆如财政政策、货币政策、利率、税率、汇率、产业政策、技术政策等对企业经营的影响。

（4）政府维护公平竞争，维护消费者权益，社会保障及公益事业公共利益所采取的各项公共政策，对企业经营行为的影响。

2. 经济环境

经济环境是指企业经营活动所面临的各种经济条件、经济特征和经济联系等客观因素。它对企业的经营状况影响巨大。一个国家或地区的整个经济运行状况是否良好往往直接影响企业运行状态与优势。

（1）目前经济社会发展的阶段性、宏观经济运行规律及周期性变化所表现的经济形势对企业的影响。判断指标可用 GDP 总量及增长率来表示。

（2）国家经济结构、产业结构状态及变化趋势，工业结构、外贸出口结构的变化对企业经营的影响。

（3）人均收入和实际购买力及其增长状况对消费品需求程度变化的影响，会直接影响企业生产与市场营销水平。

（4）价格影响与通货膨胀或紧缩状况。货币的升值及贬值相互关联，对企业经营的影响，尤其影响经营的成本。

（5）劳动力供给、失业率水平和人口流动对城市就业产生的压力，将极大地影响到企业职工的出路与工资水平。

3. 社会文化环境

社会文化环境是指一个国家或地区人口数量与人口综合素质的社会生活、民族特征、文化传统、价值观、宗教信仰、教育水平、社会结构和风俗习惯等情况。这些社会因素因不同国家或地区的社会性质和民族特点的不同而产生明显的差异性。

（1）社会发展的阶段性和发展水平与经济发展水平紧密相关，因此，人民生活质量提高会对企业产生很大影响。

（2）人口数量与质量、人口结构变化、人口区域迁移与流动、就业结构的变动、人口老龄化趋势、不同社会群体和不同消费层次，也都会对企业产生影响。

（3）人们价值观、个人生活方式及其变化、社会文化的变迁、产生对物质需求和文化需要的依赖态度和行为等，会对市场需求和消费行为产生巨大影响。

（4）社会文化、教育的发展水平、卫生健康状况直接影响人的智力和体力诸方面素质，又决定了人们的价值观以及人们的工作、生活和思维的方式，这些都会影响到企业经营的方式。

4. 技术环境

技术环境是指一个国家或地区的技术水平、技术政策、新产品的开发能力以及技术发展动向等，它对企业经营产生多方面的影响。

（1）社会技术进步、新技术的发明与创新，给企业提供了应用新技术与技术创新的契机，又会对原有产品技术带来冲击；同时一种新技术往往会造就一个新企业或新行业，又会冲击原有的传统企业和传统行业。如节能灯对传统白炽灯企业所产生的影响，复印机行业对复写纸行业的冲击，VCD、DVD 行业对传统录像机行业的影响，等等。

（2）层出不穷的技术变革，促进经济增长与生产力水平的提高，导致经济增长的技术贡献率和产品的技术含量不断提高，形成产业部门由劳动密集型、资本密集型向技术知识密集型变化的总趋势，企业如不能及时提升技术结构与层次，就会落伍。

（3）国家技术政策、知识产权保护、技术服务水平、技术中介机构、技术市场化和社会化程度，为企业产品技术更新提供机会和条件。

（4）国家及地区的社会科技力量状况、研究开发投入水平、技术开发机构状况，尤其是技术基础设施水平，突出表现在信息技术网络化、社会化，对企业产生越来越大的影响，构成企业越来越重要的技术环境与技术力量。

5. 自然环境

企业自然环境主要是指企业所在地区的水、土地、矿产资源等自然资源，空气、生态状况、地理气候和自然灾害等自然条件所组成的环境。以往人们对自然环境因素考虑很少，但随着社会进步和经济发展的步伐加快，现在许多企业已经越来越认识到生态、资源正在逐渐成为经营活动的关键约束力量与决定性因素。特别是某些自然因素如地理气候对企业投资、经营的影响已经变得相对较为普遍。然而，自然资源的稀缺程度和企业产品对资源的依赖程度不同，影响也各不相同，企业进入高技术产业或第三产业之后，自然因素的影响又会发生变化。原材料价格在国际市场上的变化对资源依赖性企业的影响较为敏感，如原油和各种矿石等。

6. 小结

对企业而言，组织知识的外部一般环境对企业的知识获取、传播、共享和应用等会产生很大的影响，比如某些政策（知识产权保护法规及行业规范等）和社会文化因素（区域风俗、民族习惯或宗教等），限制某些知识和技能的传播和应用等。但企业往往不能对这些环境因素直接施加影响，并且很难改变这些环境因素的限制和影响作用。在这种情况下，企业能够做的事情就是努力适应这些环境的变化，或者是对环境的变化做出科学与合理的预测，以降低这些环境因素对企业知识活动产生的消极或不良影响。

（二）企业知识的行业竞争环境

行业竞争环境是影响企业知识活动的直接因素。行业竞争环境分析在于确定行业中竞争压力的来源与强度。其分析方法一般采用哈佛商学院教授迈克尔·波特（Micheal E. Porter）提出的"竞争五要素模型"（见图3.12），即在企业之中存在五种竞争力：行业内现有企业的竞争、潜在竞争者进入的威胁、替代产品进入的威胁、供应商讨价还价的能力和购买者讨价还价的能力。这五种竞争力量也从一定程度上影响到企业的知识活动。

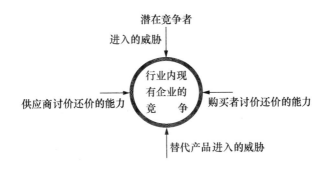

图 3.12　竞争五要素模型

资料来源：M. E. Porter, *Competitive Strategy*, Free Press, 1980, 华夏出版社 1997 年版。

1. 行业内现有企业的竞争

这是五种竞争力量中最重要的一种，只有比竞争者更具竞争优势的企业战略才是成功的战略。影响这种行业内竞争的因素主要包括：

（1）某一公司战略变化，可能招致竞争对手的对抗性报复行动，如利用企业知识资源提高产品质量，增加产品特色，提供知识化的服务等。

（2）行业中较高固定成本（可能是资本密集或较高存货成本），会导致竞争者采取可能的方式（如利用知识和先进的技术等）降价来谋取要求的营业额，引起价格战，并导致非常低的利润率。

（3）差异化的影响很大，在商品市场，企业往往通过运用独特的知识和技术使其产品或服务实现差异化，进而提高其产品的竞争优势。

（4）当大公司对小企业实施兼并时，往往是从占有被兼并企业的知识或智力资产，借以改善企业竞争地位，提高其竞争力角度出发展开行动的。

（5）某些行业存在很高的退出壁垒，其中一个重要的原因就是该产业技术含量较高，固定资产及其他投资过高，相应的资金回收周期也较长。

2. 潜在新竞争者进入的威胁

当新竞争者进入某个容易进入的行业时，竞争程度加剧。这主要取决于影响进入壁垒的各种因素。影响进入壁垒的诸因素除了规模经济、进入市场的资本需求与资金成本、销售经验、预计的报复以及立法或政府影响之外，还有一个重要的因素，就是企业在知识资产投入方面存在的差异。如果某产业的知识资产专有性较强，投入量较高，投资回报的周期较长，则该行业的进入威胁将很小；反之则进入的威胁较大。

3. 替代产品进入的威胁

一般来说，行业内所有企业都是与生产替代产品的行业进行竞争，替代产品的威胁的主要形式有以下几种：

（1）一种产品对另一种产品的实际替代、可能替代或部分替代。如光碟机、VCD替代录像机；激光照排替代铅字印刷；塑料盒与玻璃盒、铝盒、纸盒；一次性难降解的塑料盒与可降解的塑料盒；传真与电报、电话。这种情况迫使企业提高技术创新的效率，加强新产品的研究开发工作，实现产品的更新换代。

（2）替代产品的进入，使现有产品必须提高质量，降低成本或产品售价，或使现有产品更具特色，否则其销售量和利润增长的目标会受损。

（3）替代产品生产者竞争程度，受购买者选择替代产品的转换成本高低的影响。战略家需要对潜在产品进入可能获取的市场份额、竞争企业生产替代产品的能力，市场渗透的计划等作充分的调查了解。

4. 供应商的讨价还价能力

供应商是指向特定企业及竞争对手提供产品或服务的企业。供应商讨价还价能力是指供应商通过提高价格或降低产品质量等手段对行业内企业产生威胁的大小。

供应商的讨价还价能力主要是通过集中供应而不是分散供应；供应商产品的特殊或稀缺、显著差异化而使行业转换供应商时"转移成本"加大；供应商的品牌有名，使转移成本加大；卖方行业属于分散性行业，买方容易转换供应商；供应商联合协调一致，规定供应产品价格；行业内客户对供应商无足轻重，因此供应商不重视客户未来发展等方面体现出来。对于企业而言，应该针对供应商的讨价还价的情况做出相应的反应，如对供应商的情况开展调研，获取有关供应商的信息和知识；设法与主要供应商建立长期稳定的供货关系，获得稳定的供货渠道及某些优惠条件。

5. 购买者的讨价还价能力

购买者（买方）主要通过压低价格，对产品质量和服务质量的要求来影响行业中现有企业的盈利，其讨价还价的能力主要表现在以下几个方面：

（1）买方市场集中度大，尤其进货批量很大。

（2）在行业固定成本很大（部件或原材料成本占总成本比例高）时，卖方会寻求最理想价格而"压榨"供应商。

（3）买方从行业购买的产品为非差异化、标准化产品或有替代产品时。

（4）买主拥有更全面的信息，或联合要求合理价格，不接受卖方合理价格。

（5）买方形成可信的后向一体化威胁，而卖方难以形成前向一体化。

6. 小结

对企业而言，像组织知识的外部一般环境一样，企业的行业竞争环境同样对企业的知识活动会产生很大的影响，但与知识的一般环境的影响不同的是，企业对来自行业的竞争环境因素是可以施加一定影响的，并且可以组合自身的能力条件等因素，来更好地顺应环境的变化，并设法改变这些环境因素的影响。

（三）企业外部知识网络的建设

与企业内部知识网络的建设相似，企业外部知识网络的建设也需要从整体上综合考虑来自组织知识的外部一般环境因素和行业竞争环境因素带来的综合影响。只有把来自两个方面的因素加以整合后，统一起来考虑，才能建设一个更完整意义上的企业外部知识网络。

三、企业知识的内外网络的有效集成

企业知识环境的内部因素和外部因素不是独立存在的，它们需要彼此之间有机地结合在一起，这个结合过程需要企业知识的内部网络和外部网络的有效集成来实现（见图 3.13）。在企业内部，知识环境的组织因素和技术因素共同作用，在内部网络技术和人际关系网络等的协助下，形成了企业的内部知识网络。同样，在企业外部其一般环境因素和行业竞争环境因素依托互联网和组织关系以及人际关系的帮助，形成了企业的外部知识网络。这两个网络借助企业的内部网和企业知识门户的帮助，有机地结合在一起，共同为企业知识活动提供支持和帮助。在这个过程中，企业内部和外部均有来自于团体和个体的知识提供者为企业知识网络内容的更新与完善提供服务，从而确保企业知识管理活动正常、有序地运行。

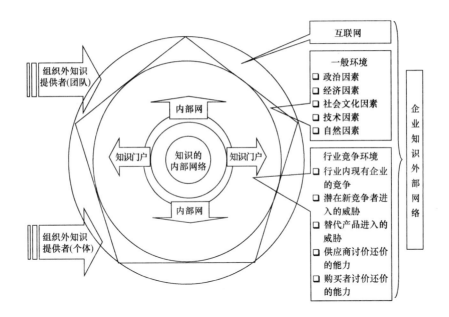

图 3.13　企业知识网络的体系结构

第三节　本章小结

在本章中，本书从企业知识环境引入的意义、企业知识环境的作用及内涵等方面对企业知识环境进行了解析，明确了知识环境的内外构成因素，并在两种因素的基础上，探讨了企业知识环境建设的问题，主要从企业内部知识环境建设和企业外部知识环境建设两个方面展开讨论。从整个研究思路可以看出，企业知识环境建设的实质就是以知识环境因素为基础，结合现代信息技术、网络技术以及人际关系与组织关系等，构建企业的知识网络，通过内外知识网络的有机结合，来最终实现企业知识环境的建设工作，进而通过有机集成的知识环境体系，为企业知识管理的有效实施提供前提和保证。

第四章　知识流程再造：企业知识管理实施的核心

　　尽管企业各知识环境因素在知识活动中发挥着重要作用，但其作用往往是通过知识的运作过程——知识流程——来体现出来。所谓知识流程，是指知识沿着其价值链在组织内运行过程中所经过的各个驻点组成的一系列流程体系。它是企业知识资源运行的轨迹，是企业知识管理实现的一条主线。知识环境因素只有围绕这些知识驻点，才能对处于不同阶段及不同状态的知识施加影响，使之在业务流程中创造价值和产生积极的促进作用。然而，知识流程在企业中并不像业务流程那样非常明显地表现出来，它一般隐藏在日常的业务流程之中，其作用和价值也往往容易为我们所忽视。因此，为了使知识流程在企业知识管理过程中彰显出来，使其在知识实施过程中的作用体现得更加清楚明确，我们就有必要在企业中对其现有的业务流程实施再造，再造出企业的知识流程。

第一节　业务流程再造

　　通常情况下，许多企业更愿意把实践团体和 Web 门户看做是促进共享与合作的优先选择，但是大多数业务流程往往自然地与共享知识相关联，甚至是应用知识管理原理的候选者。毕竟，知识管理是关于提升知识的产生和扩散的，而且它使任何发生知识传播的业务流程有意义。从这个意义上看，企业当中的业务流程往往具有非常重要的价值，企业的知识管理也是围绕企业的业务流程展开的。因此，我们可以从了解企业的业务流程中的知识管理活动入手，在更深的层次中了解和把握企业的知识流程。

一、业务流程再造的内涵

业务流程再造是 20 世纪 70 年代美国管理学界提出的企业管理新概念，其基本内涵是以作业流程为中心，打破传统的组织分工理论，通过组织变通、员工授权、顾客导向和正确运用信息技术等措施，建立新型的企业作业流程，达到迅速适应经营环境变化的目的。

业务流程再造与改组不同。改组，又称减小规模、规模适度化或减少组织层次，其核心是通过减少雇员数量、部门数量和组织层次数量来缩小企业规模，目的在于提高企业组织的效能和效率。改组主要是为了股东而不是雇员的利益考虑，它的任务是对企业内部某些单位的取消、缩减和调整，在技术上主要涉及一些战术（短期的和具体业务功能的）决策。改组的主要目的是降低成本。对那些官僚主义严重的企业来说，改组实际上可以使其免于在激烈的竞争中被淘汰；改组的副作用在于，将使员工对前途产生极大的不确定性和对人员裁减产生担忧，进而损害他们的责任心和进行改革与创新的积极性。

业务流程是在功能确定的组织结构中，能够实现业务目标和策略相互连接的过程和活动集，这些过程主要包括投保过程、项目开发过程等。它是以市场为中心的一种组织行为描述，为获取商业合同或满足特定用户的需求而设计。业务流程再造（Business Process Reengineering，简称 BPR）是对业务流程的再设计（包括对工作、岗位和生产过程的重新设计和重新构造），其直接目的是产生一个更好的工作系统，其最终目的在于降低成本，提高产品质量、服务水平和加快生产速度。

业务流程再造更多的是以雇员和客户的利益而非股东的利益为出发点，它通常不会影响企业的组织结构，也不意味着工作岗位的减少或对雇员的裁减，它的中心在于改变工作的实际运行方式，在技术上主要涉及一些战略性的（如长期的和影响所有企业功能的）决策。

企业进行业务流程再造的主要原因通常是：长期以来形成的按照业务职能构造的纵向组织结构，使得管理者和员工形成了以特定业务职能为中心而不是以整体用户服务、产品质量或企业业绩为中心的观念，这导致企业内部各业务部门的日益官僚化，对各种私人或小团体的利益的考虑逐渐取代了对企业经营能力的关注而居于上风，并使人们在工作环境中形成各种各样不利于知识交流和协作的障碍。一般而言，企业业务流程再造通常遵循以下原则：

（1）以企业的实际产出而非任务为中心规划和设计新的流程。

（2）赋予流程以最终产出获得者这一新的流程执行权。

（3）通过再造实现与业务流程相关的各项资源的分布式配置。

（4）联结流程中所涉及的各项并行工作。

（5）实现流程运行过程中的现场决策并建立整个流程运行的控制机制。

（6）确保流程能够从信息源一次性获取所需的全部有用信息。

（7）根据企业的业务流程的目标和需要，重新建立具有柔性化、扁平化和团队化特点的新型企业组织结构。

企业之所以实施业务流程再造，其目的在于确保业务流程中的活动都以企业整个经营过程的高效有序为出发点，其意义在于有效地打破原有组织结构中各种不利的制约因素，从而强化以信息技术与知识管理技术为代表的新技术和新管理思想与方法在企业业务中的应用。

二、业务流程再造与知识管理的关系

业务流程再造的目标就是实现分散化、相互依赖以及信息共享。在流程再造过程中，信息技术将会发挥一系列关键性的作用，企业采用各种现代信息技术来打破业务功能壁垒，建立起以业务流程、产品或服务为基础，而不是以职能或投入为基础的工作系统。它要求围绕新作业流程对企业组织进行再造，从组织体制上彻底打破旧有的多层次管理模式，按照作业流程或具体工作任务，将分散于各部门的业务职能重新组合起来，以项目小组方式，建立横宽纵短的扁平式柔性组织管理体系，以集体智慧将企业系统所欲达到的功能逐一列出后进行功能分析，经过综合评价和全面考虑筛选出基本的、关键的系统功能，并将其优化组合成企业新的业务运营系统。

业务流程再造能使员工个体的工作业绩显在地表现出来，使员工本人有机会更清楚地看到其自身的特定工作究竟会如何影响企业销售的最终产品或服务，从而激发企业员工的工作热情和责任感。

业务流程再造还能促使组织结构再造的实现，组织结构再造主要包括以下几个方面：

（1）缩减乃至取消中间管理层，缩短决策层与操作层的指挥链长度并强化彼此间的直接沟通。

（2）拓宽管理幅度，确保管理者与其下属间信息的有效传递。

（3）减小组织规模并使之趋于扁平状，从而提高企业灵活性和对市场变化的快速反应能力。

（4）实现团队式工作方式，确保团队内部成员间的信息与知识的全方位交流与沟通。

（5）构建全新的网络组织结构，确保组织内信息与知识的自由流动与广泛传播。

从以上分析可以看出，以分散化、相互依赖以及信息共享为指导思想的业务流程再造，能够极大地增强员工之间的相互联系，促进员工之间或项目组内部成员之间的知识交流与共享，清除企业内部不利于沟通与交流的体制障碍，并进一步增强了知识交流、共享、应用与企业经营目标之间的联系。

在此，我们将业务流程再造赋予了新的含义，就是在以知识资源为核心的基础上重新设计企业业务流程。其主要目的是为了充分利用企业所拥有的具有高级技能的员工集体智慧来提高关键业务流程，如新产品研发、检测和试验等的效率，使企业能够围绕每一道业务流程工序的知识需求顺序而不是传统的任务或产出次序来重新安排其业务流程。

第二节　业务流程中的知识流程再造

企业业务流程中的知识流是客观存在的，但并不是明确表达的，这将制约业务流程中的知识管理的有效实施。为了让其在企业业务流程运作中充分发挥作用，企业就应该对自身的业务流程进行规划和设计，首先是要发现企业业务流程中的知识管理特点，然后对业务流程中的知识流进行分析并对业务流程进行知识化，最后在此基础上对业务流程进行再造，再造出能够明确地表达企业业务流程中知识流运行状况的知识流程。

一、业务流程中的知识管理特点

企业业务流程由于自身所具有的特点，使得处于其中的知识管理活动也相应地具有以下几个方面的特点：

（一）阶段性

由于企业业务流程本身具有阶段性，所以业务流程中的知识管理首先体现出阶段性的特点。从企业的价值链（见图 4.1)[①] 来看，企业的业务流程主要包括供应后勤、生产作业、发运后勤、经营销售和销售服务等几个阶段。那么，相应的业务流程中的知识管理活动也可以划分为供应活动中的知识管理、生产作业中的知识管理、发运活动（物流）中的知识管理、经营活动中的知识管理以及客户服务中的知识管理等对应的阶段。

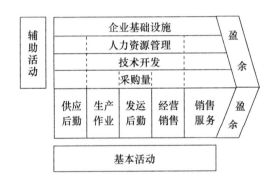

图 4.1   一般价值链模型

（二）次序性

业务流程中的知识管理又体现出业务流程的次序性的特点。次序性的特点与阶段性的特点具有明显的内在联系。业务流程的几个阶段在企业运营中往往具有一定的先后次序，这种次序在一定的时期内保持基本稳定或不发生改变，因此，对应的企业知识活动也具有一定的次序。即供应活动中的知识管理、生产运作中的知识管理、发运活动（物流）中的知识管理、经营活动中的知识管理以及客户服务中的知识管理不同阶段的知识管理活动在企业整个知识管理体系当中具有一定的先后次序，互相之间存在一定的服务与支持的关系，形成一个围绕业务流程的知识流活动体系。

---

① 曾国安：《战略市场营销》，东北财经大学出版社 2001 年版。

（三）战略性

业务流程中的知识管理体现并服务于企业业务流程发展战略的需要。业务流程的核心是企业的价值链，企业价值链中的各种价值活动的相互联系形成价值链系统，通过价值链系统产生的竞争战略表现在价值活动之间是否处于最佳状态的联系和各个价值活动是否协调两个方面①。与企业价值链系统各种价值活动对应的企业知识管理活动，主要是不断改善和促进企业价值链系统各价值活动之间的密切联系，并确保各个价值活动在价值链系统中协调运行，从而保证业务流程的战略目标的贯彻与落实。因而，业务流程中的知识管理也具有战略性的特性。

（四）适应性

除了前述的阶段性、次序性和战略性三个特点外，业务流程与其中实施的知识管理之间还存在适应性的特点。这种适应性主要表现在联动性和服务性两个方面。从联动性来看，知识管理活动必须伴随着业务流程的发展与调整而做出相应的变化，使之可以完美地适应业务流程的需要。从服务性来看，知识管理活动不仅仅是为了实现对业务流程中的知识资源的管理，其目的主要是为业务流程目标的实现提供服务，不断增强业务流程的协调性，降低业务流程运行成本，提高业务流程的运行效率。

二、业务流程中的知识流分析

由于业务流程中的知识管理是围绕其中的知识流展开的针对业务流程中的知识资源的管理活动，所以，对业务流程中的知识资源所形成的知识流的分析就显得非常重要。

（一）业务流程中知识的分类

在业务流程的框架中，需要对知识重新定义。知识这个词汇可以被定义为专家技能、技艺、技术诀窍和经验，它们主要被用于解决在制造流程中出现的不同问题。为了确定这个研究过程中知识的范围，我们可以从知识范围、知识类型和知识使用的层次三个维度对知识的分类加以描述。

正如从表4.1中所看到的，一般知识、领域知识和系统知识被包括在范围维度。程序知识、流程控制知识和编目知识被包含在类型维度。从使用知识的目的方面看，我们把知识划分为战略性知识、战术性知识和事实

_____

① 曾国安：《战略市场营销》，东北财经大学出版社2001年版。

知识。在知识的类型维度，我们关注程序化知识和流程控制知识，在使用层次维度，我们关注战术性知识和事实知识，在知识范围维度，我们关注领域知识。这些通过图4.2我们能够更直观地了解到。

表 4.1　　　　　　　　　　从三个维度描述的知识分类

维度	知识	描述
范围	一般知识	人们每天通过经验获得的知识，并且这些知识不受特定的业务范围限制（例如，在网络上的搜索技能）
	领域知识	在一个特定的知识领域中通过技能获得的知识（例如，在一个特定领域中的技能、技术诀窍、经验）。由于与这个知识领域有关的人获得更多的经验，所以这是可以被改进的
	系统知识	通过信息系统获得的知识。与系统相关的知识（例如，在程序图书馆中各职能的用法）
类型	程序知识	在执行与操作活动有关的业务流程过程中获得的知识（例如，判断力和业务流程间的相互依赖性）。它主要由制造业中处理业务流程的一系列活动组成
	流程控制知识	在一个特定的流程中需要的知识、规则或推论的关联性（例如，控制技能、公式和运算法则）。这种知识对优化操作和增加效率方面是有用的，并且这种知识描绘了问题解决战略和它的功能模型
	编目知识	与不同的信息源的位置有关的知识（例如，专门技术的目录、黄页）。这种组织内的动力学变化是那么快，以致总是有更有价值的个体，因为它们总是知道到哪儿去找到恰当的知识
使用层次	战略性知识	用于战略目的的知识。它通常在组织的更高层次有需求（例如，SWOT分析技术）
	战术性知识	指定被采取的步骤去解决问题的知识（例如，出故障之后的解决方案）
	事实知识	由专家用于战术或战略推理所使用的背景信息（例如，制图、在有关领域中出现的词汇）。除非被合成和融入背景之中，否则它是相对低附加值的信息

资料来源：Suyeon Kim et al. . A Process – based Approach to Knowledge – flow Analysis：A case Study of a Manufacturing Firm［J］. *Knowledge and Management*，2003，Vol. 10，No. 4：260 – 276。

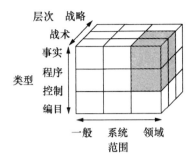

图 4.2　知识的范围

资料来源：Suyeon Kim et al. A Process – based Approach to Knowledge – flow Analysis：Acase Study of a Manufacturing Firm ［J］. *Knowledge and Management*, 2003, Vol. 10, No. 4：260 – 276.

（二）业务流程中的知识流分析

关于知识流的研究目前已经在不同的领域取得了一定数量的研究成果，并被广泛采用，这些领域包括软件开发领域（Zhuge, H., 2002)[1][2]、研究开发领域（Fang, et al., 2002）、高新技术企业（Echeverri – Carroll, 1999)[3]、专业化的公司（Baumard, 2002)[4] 和跨国公司（Foss & Pedersen, 2002；Gupta & Govindarajan, 2000；Schulz & Jobe, 2001)[5][6][7] 等。不同的专家学者也从不同的角度对知识流进行了系统深入的分析。

---

[1]　Zhuge H. Knowledge Flow Management for Distributed Team Software Development ［J］. *Knowledge – Based System*, 2002, Vol. 15, No. 8：465 – 471.

[2]　Fang S – C, Lin J – L, Hsiao LYC, Huang C – M, Fang S – R. The Relationship of Foreign R&D Units in Taiwan and the Taiwanese Knowledge – flow System ［J］. *Technovation*, 2002, Vol. 22, No. 6：371 – 383.

[3]　Echeverri – Carroll E. L.. Knowledge Flows in Innovation Networks：A Comparative Analysis of Japanese and US High – technology Firms ［J］. *Journal of Knowledge Management*, 1999, Vol. 3, No. 4.

[4]　Baumard P.. Tacit knowledge in Professional Firms：the Teachings of Firms in very Puzzling Situations ［J］. *Journal of Knowledge Management*, 2002, Vol. 6, No. 2：135 – 151.

[5]　Foss N. J., Pedersen T.. Transforring Knowledge in MNCs：the Role of Sources of Subsidiary Knowledge and Organizational Context ［J］. *Journal of International Managements*, 2002, No. 1：49 – 67.

[6]　Gupta A. K.. Govindaraian V. Knowledge Flows Within Multinational Corporations ［J］. *Strategic Management Journa*, 2000, Vol. 21, No. 4：473 – 496.

[7]　Schulz M., Jobe L. A.. Codification and Tacitness as Knowledge Management Strategies：an Empirical Exploration ［J］. *Journal of High Technology Management Research*, 2001, Vol. 12, No. 1.

　　诸葛海（Zhuge，H.，2002）① 把知识流定义为知识在人们之间流动的过程或是知识处理的机制，在此基础上构建了一个用于分布式团队软件开发的知识流管理框架。他认为知识流是销售人员知识的载体，该载体可以把一个团队成员的知识传递给遵循一定明确流程逻辑的随后的团队成员（接受者），并同接受者分享知识的内容、积累团队成员的知识。同时他提出了知识流的观点和在地理分布式团队软件开发流程中实现预先计划的知识共享与认知合作的管理机制，并强调了知识流流程和工作流流程之间的协作。

　　针对知识流关注在知识提供者和搜寻者之间开发渠道及网络的讨论，赛恩等人（Shin，et al.，2001）② 建立了一个阐明知识流和相应研究问题障碍的框架。他们首先确认了对知识流影响最大的四个因素：被传递的知识、来源、接收器以及情境。然后他们找到了在每种因素中阻止有效知识流动的障碍。最后，他们提出了包括知识吸收、知识警觉、为搭建知识而需要的文化以及知识场所在内的知识流构成要素。由于对与知识流有关的研究开发活动影响和效果的关注，方等人（Fang，et al.，2002）③ 为知识流做出了如下定义，即为传播、积累和共享知识，通过任何组织同其他组织的互动交流独立创造的经验和知识。

　　当把即时物料供应（Just – In – Time，JIT）观念应用到知识分配中时，普瑞斯（Preiss，1999）④ 提出了通过业务单元链来分析动态原材料流动的方法和技术，这些方法和技术可以被扩展用来处理被链接起来的货币流、物品流、服务流和知识流。他的研究背景恰好是被应用到组织和流程中的知识，这种知识可以按需要去产生一个金融收入流。

---

　　① Zhuge H. Knowledge Flow Management for Distributed Team Software Development ［J］. *Knowledge – Based System*，2002，Vol. 15，No. 8：465 – 471.

　　② Shin M.，Holden T.，Schmidt R. A. From Knowledge Theory to Management Practice：Towards an Integrated Approach ［J］. *Information Processing and Management*，2001，Vol. 37，No. 2：335 – 355.

　　③ Fang S – C，Lin J – L，Hsiao LYC，Huang C – M，Fang S – R. The Relationship of Foreign R&D Units in Taiwan and the Taiwanese Knowledge – flow System ［J］. *Technovation*，2002，Vol. 22，No. 6：371 – 383.

　　④ Preiss K. Modeling of Knowledge Flows and Their Impact ［J］. *Journal of Knowledge Management*，1999，Vol. 3，No. 1：36 – 46.

这些学者的研究成果让我们对知识流有了一个比较清晰的认识，为此我们借助于金顺永（Suyeon Kim，2003）等[1]人的研究成果，把知识流定义为从一个流程开始周而复始地向承接流程或最初流程传递的人员知识的携带者。那么，知识流程则是一个从知识生产者向知识使用者流动的过程。把知识流合并到企业业务流程的理由（或动机）主要包括以下四个方面：（1）企业业务流程包含多重且有序的亚流程；（2）企业员工非常熟悉与其工作相关的流程；（3）员工在实施流程的过程中，获取和使用丰富的知识；（4）员工在工作期间与合作者分享他们的知识。

因此，采用基于流程的方法便于分析知识流。这种基于流程的知识流分析方法具有很多的优点，不仅可以用来提取组织中执行业务流程的员工的知识，提供正式的组织知识规范，而且也使员工能够有效地寻找目标知识，实施同现有信息系统紧密捆绑的知识管理系统。

（三）业务流程中的知识流建模

由于是从流动的角度而不是从流程的角度考虑知识流的问题，这样我们对知识流的规定就是在资源和目标流程的共同背景下，而不是仅在单一的流程背景下。因此，体现在知识流图表中的知识流模型则主要由业务流程、知识流、知识携带者和外部目标等部分组成。

如图4.3所示的是知识流图表的一般范例[2]。其中，圆形代表业务流程，箭头则为知识流。K_1表示知识携带者，他们用分支模型在流程P_1中被创造并且在流程P_3和P_4中被使用。从流程P_6到P_6的这个知识流则是在相同流程中被创造和使用的一个循环知识流。

从这个模型可知，知识流主要有下列几种类型：

1. 顺序型

在顺序型模式中，一个流程中被创造的知识在下一个流程中被使用。因为制造业具有顺序性的流程特征，所以其中被应用的知识流大多数属于这种类型。

---

① Suyeon Kim, Hyunseok Hwang and Euiho Suh. A Process – based Approach to Knowledge – flow Analysis：A Case Study of a Manufacturing Firm ［J］. *Knowledge and Management*, 2003, Vol. 10, No. 4：260 – 276.

② 曾国安：《战略市场营销》，东北财经大学出版社 2001 年版。

2. 结合型

在两个或更多流程中被创造的知识在与（AND）模式中的下一个流程中被使用。两个或更多的知识条目被合并以便向下一流程传递。通常合并知识发生在诸如装配、质量检查和产品估价等并列的流程或综合操作中。

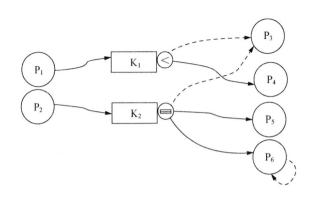

图 4.3　知识流图表范例

资料来源：Suyeon Kim，Hyunseok Hwang and Euiho Suh.. A Process – based Approach to Knowl-edge – Flow Analysis：A Case Study of a Manufacturing Firm ［J］. *Knowledge and Management*, 2003, Vol. 10, No. 4：260 – 276。

3. 分配型

由前面流程创造的知识被分配到两个或更多流程中使用。在知识流中，有时把知识的内容分移到不同的流程中是必需的。例如，企业生产计划知识在分配模式中被转移到各生产单元。

4. 复制型

从一个流程创造的知识在复制模式下被传递到两个或更多流程中。例如，在企业危机管理中，紧急情况的指导方针需要通过广播途径将以相关案例的事故处理方案的方式分享。

5. 循环型

一个流程中被创造的知识在同一流程内部使用。在这种情形中，知识的来源和目的是相同的，并且知识没有被转移到任何其他流程。例如，与本流程有关的特定的流程规则和控制知识，被重复使用去进一步完善该流程或完成该流程的相关任务。

从知识流的建模方案——知识流图表角度来看，它在业务流程中描绘企业知识具有许多优势。它以相对直观的方式向知识工作者提供了一个非常抽象的制造流程以及流程间知识的流入和流出的观点。同时，它也通过定义顺序、结合、分配、复制和循环等类型的知识流操作使知识流的多方面和多角度的柔性表达成为可能。知识流图表通过它与流程的来源和目标的紧密结合帮助知识工作者更恰当地理解组织的知识，为进一步管理这些知识提供了前提和保障。

三、业务流程知识化

（一）业务流程知识化的内涵

企业业务流程知识化是知识流程再造的前提条件，它具有比较丰富的内涵，需要从观念的变革、相关知识的体现以及管理意愿与价值的评价三个方面入手去理解。

1. 观念的变革

企业业务流程知识化首先是在业务流程中形成知识资源和知识资产的观念，并确定这种观念的重要地位、作用和影响。因为在知识经济时代，知识将成为最重要的生产要素，成为经济增长的主要源泉。对现代企业而言，其基本生产要素同传统的农业社会和工业社会相比，已经发生了根本性的变化。基本生产要素已经不再仅仅局限于土地、工业母机以及工业原材料等，也就是说，天然的资源已经不是一个国家发展的关键，一切的发展都是以知识为基础，所有财富的核心都是知识，所有经济行为都依赖于知识而存在。在所有创造财富的要素中，知识是最基本的生产要素。知识与信息的加工、处理和应用，不仅改进和完善生产力的各个要素，而且极大地优化和扩张生产系统的功能及实力，从而大幅度提高生产效率。业务流程对企业来说是至关重要的，它与企业能力及顾客满意程度的提高具有密切的联系。它是企业以输入各种原材料和顾客需求为起点，直到企业创造出对顾客有价值的产品或服务为终点的一系列活动。业务流程的知识化前提，就是让企业的员工在业务流程运行过程中适应知识经济时代的要求，逐步形成知识是企业最重要资源的观念。认识到其他资源只有与知识资源相结合，才能更好地发挥作用。同时，企业员工也应该认识到，知识同样可以作为一种资产，投入企业业务流程运作之中，为企业的生产经营活动创造价值。例如，现代企业经济活动过程的合作各方在投资合作过程中，可以投入人员、资金、基本设施，甚至技术，这里的技术是知识凝结的产物。而技术投入往往在收益的分配上更占据优势。例如，作为虚拟企业的典型代表，世界著名的体育用品生产商耐克公司（NIKE），在经营过程中，除了设立产品研究开发机构外，其与业务流程相关的所有其他部门都实行外包（Outsourcing），尽管如此，其企业的收益却要远远高于那些为其生产和加工产品的企业。从这个意义上来看，知识资产在企业经营活动中具有无可比拟的地位，发挥着其他传统资源和资产所不可企及的作用，对企业的发展产生着深远的影响。因此，实现观念的转变，是企业业务流程知识化的重要前提和保证。

2. 相关知识的体现

知识化也表明在企业业务流程的各个阶段应该体现出涉及的相关知识。从组成流程的基本要素来看，主要包括活动、活动之间的连接方式、活动的承担者和完成活动的方式①。

各种活动是企业运作的基本单元运动。小到一个通知，大到进行企业战略决策，都是活动。活动有复杂活动与简单活动之分。复杂活动可以包含其他低层次的活动，简单活动则不包含低层次的活动。活动一般都要输入（实物或者信息、知识）进行变换，以获得输出（实物或者信息、知识）。活动应有明确的结果。业务流程活动主要包括供应后勤、生产作业、发运后勤、经营销售和销售服务等内容，这些活动按一定的逻辑顺序组成，这种逻辑关系是由分工所形成的活动之间的内在联系所决定的。这里主要体现为一种反馈关系：即在业务流程的一连串活动中，某一后面的活动的输出返回作为前面某一活动的输入，例如，生产作业活动的产量情况作为供应后勤活动下一步工作的参考。这反映了按后面的结果确定前面活动下一步的动作。

活动的承担者主要是指具体的人员或者组织，随着信息化、自动化程度的提高，也有一些信息设备、自动装置作为活动的承担者。一方面，分工越细，承担者的数量越多；另一方面，工作人员的授权状况不同，也会

---

① 王众托：《系统工程引论》，电子工业出版社 1991 年版。

影响到承担者的数量。业务流程的承担者主要是指业务流程的操作者和相关的职能部门。当然也可能是自动化程度很高的流水线或者 ERP、DSS、MRPII 等信息化系统。如果是人员或者组织的承担者，他们所体现出来的更多的是经验和技能的隐性知识，而信息设备和自动装置等体现出来的往往是数据、信息和显性知识。

完成活动的方式，一方面受技术条件的限制，例如计算活动，过去使用算盘或计算器，现在主要应用大型或各种微型计算机；设计绘图过去使用圆规直尺等手工绘图仪器设备，现在主要使用计算机辅助设计（CAD）。另一方面又会受到工作习惯以及企业文化的影响。从总的趋势来看，完成活动所需要的知识从量上来看是越来越多、越庞大，从质上来看越来越专业、深入和复杂。

3. 管理意愿与价值的评价

企业业务流程知识化同时也是一个管理过程，它表明企业对业务流程中的知识的管理的意愿与知识价值的评价。

企业业务流程中知识资源观和知识资产观的形成以及业务流程活动体现出相应的知识，只是一个前提和基础，其目的只是为了提高组织和人员对流程中知识的关注，提升业务流程本身的知识含量和知识密集程度。企业业务流程知识化更深层次的含义则是为了寻求更有效地利用这些知识资源和知识资产采取的行动过程，而不是最终的结果。其实质是通过对业务流程中知识资源和知识资产的"盘点"，来分析它们的存在状况，评价哪些在业务流程中体现出来的知识更具有价值，对组织的贡献更大，从而明确表达出企业自身对业务流程中知识的管理意愿。上述过程实际上反映了企业在业务流程管理过程中对知识资源和知识资产的一种管理过程。

（二）企业业务流程知识化的实施

企业业务流程知识化的实施正是建立在对其内涵的一个比较深刻理解和认识的基础之上的，以此为基础，企业可以从技术工艺特征、企业理念或价值观转变以及领导方式与风格变革来实现业务流程知识化。

1. 根据技术工艺特征思考知识化问题

企业从事一定产品的生产制作或服务，其产品或服务的功能与构造各不相同，因此，与生产过程对应的技术条件与工艺装备就各有特点。例如，产品是像汽车制造那样的成件的制造业与产品是石油化工产品那样的连续输出的流程工业，就各具特点。这些技术特征可用言传性知识描述来达成业务流程知识化。

2. 借助企业理念或价值观推进知识化

所谓企业理念或价值观，是指企业经营管理过程中所信奉的行为准则和对社会、对经济的价值判断。理念和价值观不同，会使企业所引进的流程与其中的工作环节、工作步骤有明显的不同，效果也就不会相同。这些情况并不能完全用显性知识来描述，有一些是蕴涵在组织的隐性知识之中的。因此，在企业的理念或价值观中引入知识资源观和知识资产的内容将有助于企业的业务流程及其中的工作环节和工作步骤发生明显的变化，从而推动业务流程向知识化方向转变。

3. 通过领导方式与风格变革影响知识化进程

企业领导者的领导方式与领导风格的迥异也会对业务流程产生重大影响，例如，领导者采取民主式还是采取集权式的领导方式，决策流程的结构会发生明显的变化，产生巨大的差异。而且这种领导风格的变迁也会直接影响业务流程中知识的体现、共享与传递过程。从这个意义上来看，充分发挥人员的优势，特别是领导者的领导方式和领导风格的影响力，是保证企业业务流程知识化工作得以顺利实现的又一重要保证。

四、业务流程再造——知识流程

对于企业而言，企业流程不仅指我们通常提到的业务流程，而且还包括知识流程。但事实上，知识流程在企业中并不能直接而明确地表达出来，相应的知识资源和知识资产也不能被人们所认知或充分地发挥作用。因此，这就需要通过业务流程再造环节，使被忽略的知识流及其作用在企业业务运行过程中体现出来，使之恰当地嵌入业务流程之中并与之有机融合，进而形成有助于培育企业核心能力的知识流程。而前面论述的企业业务流程知识化则是知识流程再造的前提和准备工作。

（一）企业业务流程再造的背景

企业现有的业务流程是在工业化时期经过反复的实践而最终形成的，在一定程度上符合当时业务运行的实际需要。然而，随着知识经济时代的来临，企业所处的生存环境发生了明显的变化，来自于顾客需求的多样化与个性化趋势日益增强，市场环境瞬息万变，这些都要求企业能够迅速针对这种变化，及时而快速地做出反应；另外，企业内部的业务流程随着时代的发展，知识化的特征也越来越明显，知识无论作为资源还是作为资产，在业务流程中的作用和影响都日益凸显，这就导致企业战略目标发生相应的变化，尽管企业对这种新兴的资源和资产具有管理的愿望，然而原有的企业业务流程却无法满足当前的需要，为了确保完成当前的任务，就需要对业务流程进行再造。企业业务流程再造的目标就是从有利于知识有效利用的角度出发，在现有业务流程的基础上，构建企业知识流程，并实现知识流程恰当地嵌入和融合到业务流程之中。

（二）知识流程的构成

企业知识流程是依据企业知识的价值链，连接企业内各知识驻点的知识流及其路径的统称。知识流程主要由知识的价值链、知识流和知识驻点三个部分组成。知识的价值链是企业知识流程的核心组成部分，它体现了知识生命周期的循环过程。知识流是知识在流程中的变化和方向，它表明了知识的动态性。知识驻点则是知识流经过的业务流程中的一些关键单元，它指的是业务流程中知识的密集区域或业务流程与企业知识价值链交叉的部分。

知识流程的创建工作是企业知识管理初始过程的关键步骤。这个流程的核心是企业知识的价值链，其内容主要包括产生知识、评价知识、提炼知识、储藏知识、分配知识、应用知识和改进知识七个阶段。在知识产生阶段，知识创新成为企业的主要知识活动。然而，创新的源头并不仅局限于企业内部，企业应建立一个包含企业内部、企业间以及企业外部知识来源的更广泛的创新机制。在知识评价、提炼与储藏阶段，知识在由内隐到外显的引导过程中，不仅注意将显性知识在评价其所具有的价值的基础上在文件档案中加以储存与管理，而且应该注意对组织和个人的核心专长加以提炼，如以训练、著作、专利和证照等为标志加以储存。另外，在这个过程中，也要注意培育将思想转化成文字的知识社群机制。同时，对于文件档案而言，形式应该是多样的，除文本外，还应包括简报、影像、声音和图形等文件形式。在知识分配阶段，知识只有经过大量和多次传播后，才能产生价值，因此企业必须建立开放性的知识社群以及在线学习机制。在知识应用阶段，企业通过采取正确的行动方案与专业的知识营销，将知识分享给有需要的组织或个人，从而让知识真正产生价值，进而协助组织创造知识利润。在知识改进阶段，企业主要应该建立起能让宝贵的经验与知识不断更新的企业智慧库和知识顾问团队，这是企业永葆知识鲜活的重要机制。

（三）知识流程再造

知识流在企业业务流程中是一种客观存在，但是，知识流程却不是从来就有的，它需要在对企业业务流程再造的基础上创建。再造的过程主要包括以下几个方面：

1. 确定业务流程再造的基本方向

首先明确企业业务流程再造的战略目标是什么，并将目标分解，确定流程再造的出发点，从而确定流程再造的基本方针。这里之所以对流程再造，主要是为了适应当前知识经济时代的需要和企业外部环境的要求，要对流程当中涉及的知识给予有效的应用，明确在哪些流程或步骤中对知识能够起到增值的作用，然后从这个前提出发，把致力于构建企业知识流程作为业务流程再造的目标和努力方向。

2. 选择和分析业务流程中的关键部分

在业务流程再造过程中，应该首先明确流程的哪个部分需要再造，也就是找到业务流程中的关键部分。这里的关键部分是指在业务流程中找到知识密集程度最高的部分，也就是业务流程中最有利于运用知识创造价值，有利于知识传递或阻碍知识传递的部分。然后将选定的部分与企业知识价值链进行对照，寻找它们之间的相似之处，再找到各个部分的内在逻辑联系，为进一步形成逻辑体系建立良好的基础。

在分析过程中，可以发现业务流程中的技术开发等环节与知识价值链中的产生知识存在对应关系，供应后勤等环节与评价知识、提炼知识、储藏知识、分配知识等存在部分对应关系，生产作业等环节与应用知识存在对应关系，销售服务等环节和改进知识等存在部分对应关系。这样，通过这些部分之间存在的对应关系，可以为将来知识流程嵌入业务流程之中提供基础与可能。

3. 依据企业价值链进行企业知识价值链的再造

企业价值链具有辅助活动和基本活动，根据这两种活动之间存在的关系，也可以通过业务流程再造，将这种对应关系映射到基于动态知识的体现知识流程思想的企业价值链的设计当中去。相应的，基于动态知识的企业价值链当中也存在基本活动和辅助活动两种活动类型，以这一点为基础，结合知识价值创造活动中的产生知识、评价知识、提炼知识、储藏知识、分配知识、应用知识和改进知识等一些关键环节，我们可以设计如图4.4所示的基于动态知识的企业价值链。在这个价值链模型当中，结构与制度建设、文化建设、人员队伍建设、技术基础设施建设等辅助活动，作为知识的环境因素保障知识获取、知识产生、知识评价、知识提炼、知识贮藏、知识分配、知识应用、知识改进等活动进行，从而借助技术创新活动，推动企业内外部的知识资源流动起来，为企业创造价值。在这个过程中，知识处于一种动态流动与循环之中。

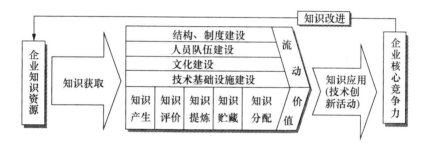

图4.4 基于动态知识的企业价值链模型

（四）知识环境因素下知识流程与业务流程的集成

通过企业业务流程再造，企业知识流程在企业的经营管理活动中显现并明确起来，这使得企业知识管理的有效实施找到了切实可行的依据。然而，新构建的企业知识流程与企业业务流程并不是分立的，它的出现是对原有业务流程的有效补充，以适应知识经济时代发展的需求。为此，我们在知识环境因素下，设法在两者之间建立内在的逻辑关系，形成知识流程与业务流程有效集成的理论框架（见图4.5）。

在这个框架下，知识流程与业务流程间的相互关系主要通过五个步骤反映出来，这五个步骤是知识吸收（Knowledge Absorption，KA）、知识提取（Knowledge Extraction，KE）、知识表示（Knowledge Representation，KR）、知识实施（Knowledge Implementation，KI）和知识开发（Knowledge Deployment，KD）[①]。知识环境的技术因素和组织因素作为基础支持整个系

---

① 索柏民等：《知识管理应用技术及实施中的问题》，《中国科技论坛》2005年第3期。

统的运用。业务层是指企业中所有的流程，并且这一层也覆盖了在制造性公司中流传下来的系统诸如 MES（制造实施系统）、ERP（企业资源计划）和 SCM（供应链管理）。自然，知识吸收在业务流程执行过程中被完成，该执行过程意味着在流程中的数据、信息和知识流被选择或提炼，然后通过文档程序和人力资源被吸收。图 4.5 表明了一个完整的集成概念框架，该框架根据伊恩等人（Yeon，et al.，2000）[①] 设计的模型加以扩展。

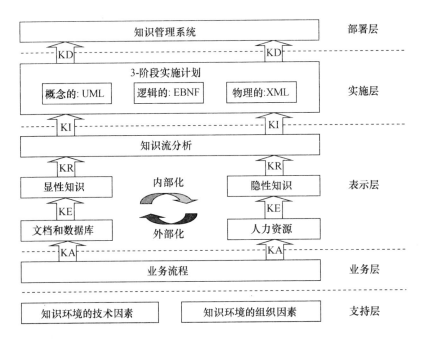

图 4.5   知识环境因素与业务流程整合的概念框架

说明：KA 指知识吸收；KE 指知识提取；KR 指知识表示；KI 指知识实施；KD 指知识开发。

在此，我们把焦点关注于知识的表示层，特别是知识流的分析。在不同的场合中如文档、数据库、人的大脑以及企业记忆等，组织的知识是以固化方式存在的。显性知识主要从文档和数据库中采集，而隐性知识则需

① Yeon S-I, Suh E-H, Kim S-Y. A Study on Knowledge Map Development Methodology Focused on Knowledge Acquisition [J]. *IE Interfaces*, 2000, Vol. 13, No. 1: pp. 37-43.

要从人力资源中被提取。根据 *SECI* 模型①，显性知识、隐性知识、文档和人力资源正在创造新的知识。SECI 模型是首先由野中郁次郎和竹内弘武（Nonaka & Takeuchi，1995）作为一个基于知识创新的战略提出来的，它对于在工业和合作组织中支持个人的创造活动而言，是一个成功的范例。一方面，显性知识通过诸如学习、教育和培训活动等内部化流程被转化成隐性知识；另一方面，隐性知识也可以通过文件、出版物、模仿等活动被转化成显性知识。

在这个框架中，显性知识和隐性知识通过知识环境的技术因素和组织因素，可以在知识流模型中被提取出来。这种知识模型由知识流的图表和知识规格组成。知识流图表确保我们使用预先确定的知识流控制器明确地表达知识流。图 4.6 表明了在一个理论层面上知识活动、知识密集型业务流程、知识流程和知识流之间的相互关系。

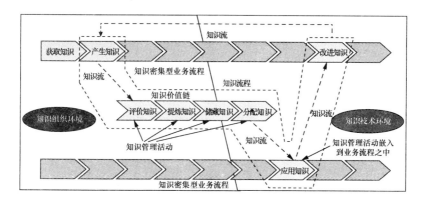

图 4.6　知识环境因素与业务流程的相互关系

知识生命周期活动同知识流程结合在一起，并链接到其他知识流程以及业务流程上。如果在知识流程中的专一的知识管理活动在知识密集型的业务流程中被具体表达并实施，那么具有重大意义的管理问题可能出现。知识流程通常由负责知识管理的业务单元（知识管理者、学科问题专家、

---

① Nonaka I, Takeuchi H. *The Knowledge – creating Company：how Japanese Companies Create the Dynamics of Innovation？* [M]. Oxford University Press：New York，1995.

知识经纪人、团队管理者）用一种集成的方式去规划和控制。与之相对照的，知识密集型业务流程是流程管理职位和角色（流程所有者、流程管理者和流程团队成员）的职责①。

第三节　知识流程与业务流程的整合

　　通过业务流程再造产生了知识流程，为知识管理提供了基础和可能性，知识的环境因素也改善了在知识管理研究对象上的认识偏差，为知识流程的实施提供了保证。但是，知识流程本身的存在也并不能解决知识管理过程中所面临的一系列问题，诸如知识流如何才能流动？知识流程和业务流程存在什么样的关系？等等。对于这些问题的回答就集中于知识流程的运作之上。

一、知识流程的运作

　　如前文所述，企业知识流程的三个组成部分是知识的价值链、知识流和知识驻点。那么，企业知识流程的运作必然要围绕这三个部分展开。在运作过程中，这三者之间互相联系并构成一个整体。

（一）知识的价值链

　　作为企业知识流程的核心组成部分，知识的价值链本身是一个环形系统，它从企业知识资源出发，到取得核心竞争力结束，中间经过了知识获取、知识产生、知识评价、知识提炼、知识储藏、知识分配、知识应用和知识改进等几个阶段，体现了知识生命周期的循环过程。知识的价值链主要表明了知识的投入与产出过程，但是这种投入产出活动并不是一次就终止的，它的每次投入过程都包含着上一次产出中一些新的知识内容的加入，虽然它是一个循环，但却是一个螺旋式上升的循环，也就是说，每一次的起点都发生着变化，也正是这些变化，才不断地推动着企业管理活动的发展日新月异，当然，也使企业的知识存量在不断地增加或改变。值得注意的是，在每次知识生命周期循环过程中，也总会有一小部分知识由于

---

① Ulrich Remus and Stephan Schub. A Blueprint for the Implementation of Process - oriented Kowledge Management［J］. *Knowledge and Management* 2003, Vol. 10, No. 4: 237 - 253.

技术创新的扩散过程等因素而溢出①。

（二）知识流

知识流是知识流程中的知识所显现出来的变化和方向，它表明了知识的动态性。知识流的这种动态性也表明了知识的数量观，即知识是以一定的流量在企业知识价值链所标明的路径中流动，区分知识流程与一般业务流程，主要是通过对各业务阶段的知识密集程度进行评价，而评价的一个重要依据就是该业务流程阶段的知识流量水平。

（三）知识驻点

知识驻点则是知识流经过的业务流程中的一些关键单元，它指的是业务流程中知识的密集区域或与企业知识价值链交叉的部分。知识驻点是企业知识流程运作中比较明确的和可以施加影响的重要部位。企业的知识流程的运作可以通过一个个知识驻点来加以把握。把所有的知识驻点都连接起来，构成的通道与企业知识价值链就是重合的。因此，从这个角度来看，企业知识流程运作的关键是确定知识驻点，利用这些明确的业务单元，使抽象的知识流程具体化，从而既保证了知识流程的有效运作，也在知识流程与业务流程之间搭建起一个联系的纽带。

（四）知识的价值链、知识流和知识驻点的结合

知识的价值链、知识流和知识驻点作为知识流程的三个组成部分，彼此并不是分离的，它们之间存在着内在的必然联系。知识价值链通过描绘知识流程的路径与图景，形成了知识流程的主体框架，在这个框架下，知识流在价值链设计的路径中按照生命周期向前流动，循环往复，螺旋上升，成为知识流程中的价值创造的主体，而知识驻点则是知识流经过的流程中的一系列关键节点。正是由于三者相得益彰的结合，才使得知识流程的运作变得更加连续、顺畅。

尽管知识的价值链、知识流和知识驻点从形式到内容的有机结合，并且对知识流程本身的运作情况进行了细致入微的描述，但是，对于知识流程与业务流程之间存在什么样的关系？它们是各自独立存在的还是互相之间密切相连的？如何在企业管理活动中发挥作用等问题的回答，则要求我

---

① 索柏民、庞效众、东风：《论技术创新中的知识传播机制》，《沈阳师范大学学报》（自然科学版）2007年第1期。

们在企业知识活动系统的层面和高度对其进行更为深入和细致的分析，以期从中找到知识流程与业务流程之间的内在联系和运行机理。

二、企业知识活动系统的构建

从总体来看，人类的知识活动系统主要可以分为物质再生产对应的知识应用系统（以经济系统为代表）；精神再生产对应的知识生产系统（以科技系统为代表）；人口再生产对应的知识传播系统（以教育培训系统为代表）。企业作为一种经济系统成为知识应用系统型知识活动系统的代表。这种知识活动系统主要从事物质再生产活动，致力于将人类知识应用于改造自然的实践活动，并在这个过程中把知识转化为现实生产力。

（一）企业知识活动系统的结构

由于知识活动系统具有全息的结构关系，所以作为一个次级系统，企业知识活动系统结构（见图4.7）① 也具有同上一级系统相似的结构，主要由生产、开发和培训三个子系统构成。

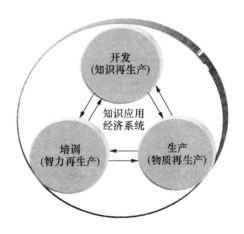

图 4.7　企业知识活动系统结构示意图

资料来源：刘则渊、韩震：《知识活动系统与大学知识管理》，《大连理工大学学报》（社会科学版）2003 年第 2 期。

---

① 刘则渊、韩震：《知识活动系统与大学知识管理》，《大连理工大学学报》（社会科学版）2003 第 2 期。

其中生产系统为其主要的子系统，主要从事物质再生产，这里的物质再生产有别于传统的物质再生产，在生产过程中，更多地使用知识资源去指导物质资源的合理配置，解决物质生产工作中所遇到的各种困难和问题。因此，企业知识活动系统中的生产系统实际上是一个应用知识的过程，在这个过程中，企业把所掌握的知识和技能，通过知识流程的运作，应用到企业的生产流程当中，按照顾客的需求，为市场生产和提供吸收了知识资源的实物产品和服务，进而实现企业知识资源的价值。

在企业知识活动系统中，除了生产系统这个主要系统外，还具有研究开发（更突出技术创新）的知识再生产的开发系统和具有智力再生产（知识传播）的培训系统。其中，具有知识再生产性质的研究开发系统是企业知识创新的重要源泉，它对于丰富企业知识库的内容，增加知识的存量具有重要的意义。正是由于这个辅助子系统的贡献，企业知识流程中的知识才能不断地推陈出新，不断地在知识资源的保障下保持企业的核心竞争能力。

具有智力再生产的培训系统对于企业知识活动系统而言，也是非常重要的，因为这个子系统的存在，才使知识能够不断地在个体、群体与组织之间进行传递。因此，知识培训系统是企业知识流程中推动知识流动和传播的动力源泉，在它的推动下，企业的知识流才能沿着企业知识价值链，不断地走过一个又一个生命周期。从这个意义上说，它是知识流程持续运行的一个重要保障条件。另外，企业的知识资源通过培训这一手段从一个个体转移到另一个个体，在这个传递和转移过程中，知识的存量也获得了增加。

（二）企业知识活动系统的功能

从上述的结构来看，企业知识活动系统主要具有以下几个方面的功能：

1. 保障知识流程运行

根据企业知识活动系统的整体结构分析，其核心部分是生产系统，实质就是应用知识从事物质再生产或提供相应的知识服务，也是一个利用知识创造价值的过程。在这个过程中，其所经历的路径就是知识流程中的知识的价值链的各个阶段。另外，企业知识活动系统中的开发系统通过知识创新过程，不断地为知识流程补充新知，确保知识流内容的不断更新换代，而培训系统则使知识通过人员、群体和组织间的传播实现有效的流动。因此，可以说企业知识活动系统既为知识流程提供了丰富的内容，也为它的运作提供了充足的动力，从而保障了知识流程的正常和有效运行。

2. 促进知识的创新

从企业知识活动系统的开发子系统看，其实质是利用一系列研究开发活动，特别是技术创新活动，实现知识的再生产，亦即知识的创新活动。在这里，知识经过开发系统的运作不仅在知识存量方面得到了增加，而且在知识价值方面得到了增值，这样无形当中提升了知识创造价值的能力。因此，通过企业知识活动系统中的开发子系统的支撑，极大地促进了企业知识的创新。

3. 推动知识的传播

培训系统是企业知识活动系统的又一个子系统，这个系统就是通过培训这一途径，把知识在企业的人员个体层面、群体层面和组织层面进行广泛传播，使知识在企业流动过程中得到传承与发展，从而达成智力再生产的目标。应该说，培训工作对于知识的传播是非常有效的，因为人们的知识是通过学习获得的，而组织有目的的培训活动，不仅使学习具有更好的针对性，而且可以通过设计与规划学习目标，对学习者产生压力，极大地提升学习的效果，从而对于增强知识的交流与传递产生积极的推动作用。

（三）企业知识活动系统的构建

从企业知识活动系统的结构和功能来看，它不仅与知识流程的各构成要素存在密切的关系，而且与知识环境的各因素存在不可分割的联系。正是基于以上两个方面的原因，企业知识活动系统在知识流程的运行中才具有不可替代的重要作用。因此，我们主要可以从这两个方面去考虑构建企业知识活动系统。

1. 企业知识活动系统与知识流程的关系

从企业知识活动系统与知识流程两者关系来看，企业知识活动系统是通过其拥有的知识应用系统、开发系统和培训系统，实现其保障知识流程的运行、促进知识的创新和推动知识的传播的功能，这三个子系统与知识流程中的知识价值链之间存在对应关系，共同履行着利用企业知识资源创造价值的目标。知识流程为知识的运行与操作提供场所和空间，而企业知识活动系统则为知识的运行与操作提供了动力机制和源泉。这样，企业知识资源在知识活动系统的推动下，在知识流程所规定的空间里持续流动，完成知识的生命周期，创造知识的价值，维持企业的核心竞争力。

2. 企业知识活动系统与知识环境影响因素的关系

系统离不开环境的支持。通常意义下，知识系统与环境之间也存在着一定的物质和能量的交换，以维持系统的生存与发展。知识流程就是这样一个知识系统，知识流程与知识环境之间的这种物质与能量的交换是通过知识活动系统来完成的。在这里，一方面，知识活动系统可以被看作是知识流程与知识环境因素之间的桥梁和纽带，通过它既可以传递知识环境因素对知识流程的影响，也可以表达知识流程借助环境因素实现知识价值的能力。另一方面，知识活动系统作为动力机制的调整与控制中心，可以不断地调节环境因素对知识流程运行发生作用的情况，不断地推动知识流程的运行，实现知识的发现、创造、传播和应用的过程。

3. 企业知识活动系统的概念框架

由于知识活动系统与知识流程和知识环境因素之间存在密切的相互关系，互相制约、互相作用和互相影响，因此，知识活动系统的概念框架可以由图4.8表达出来。其中图中的三个圆环为知识活动系统的三个子系统：知识开发系统、知识培训系统和知识生产系统。这三个子系统存在于知识的环境因素之中，与企业的知识流程密切联系着，不断地推动企业知识流程中的知识流在知识密集型业务流程之中运动，创造价值。

（四）企业知识流程与业务流程的整合

企业知识流程与业务流程之间存在着较为密切的关系，它们之间的关系主要表现在它们的流程之间并不是完全独立存在的，而是互相嵌入的，特别是对于企业管理活动而言，它们两者往往是被整合在一起而形成一个综合利用企业物质和知识资源的整体流程（见图4.8）。对于这两个流程的整合可以从以下两个方面来理解。

1. 借助企业的价值链实现两者之间的整合

企业业务流程围绕企业的价值链开展活动，而企业知识流程围绕企业知识的价值链开展活动，尽管两个价值链所包含的内容并不完全相同，但是，这两个价值链之间却存在着明确的对应关系。其中，企业从价值链角度以企业基础设施、人力资源管理、技术开发、采购等辅助活动为基础，通过供应后勤、生产作业、发运后勤、经营销售和销售服务等几个方面开展业务流程的各项管理活动；而企业知识流程则是把结构与制度因素、人员因素、文化因素和技术因素四个方面作为辅助活动，从知识获取、知识

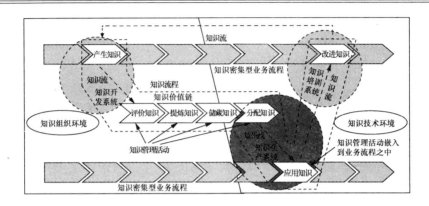

图 4.8　知识活动系统与知识环境和知识流程的集成

产生、知识评价、知识提炼、知识贮藏 、知识分配、知识应用、知识改进等方面开展企业的知识管理活动。企业业务流程管理的目标是为了从优化后的流程中获得更好的效益，而企业知识流程管理的目标则是为了从优化后的知识流程中获得知识创造的价值，进而形成企业的核心竞争力。从表述上看，两者之间可能存在一定的差异，但是，从阶段和层次结构上，这两个流程存在着明显的相似性：这种相似性不仅表现在两个价值链的辅助活动和基本活动形式上的对应，而且表现在这两个价值链内容上的对应。这种对应性表明在业务流程的每个阶段都包含着知识流程的内容。同时，无论是业务流程还是知识流程，所对应的价值链均形成了一个循环的流程，让企业的物质或知识资源在这个流程之中周而复始地流动并创造价值。企业业务流程以知识流程为导向，根据知识流程的要求进行优化。

2. 借助于企业知识活动系统实现两者之间的整合

任何一个个别组织系统的微观结构都反映和具有整个社会活动系统的宏观结构特征。这就是人类知识活动系统的全息结构：即任何一个子系统结构都大致包含人类知识活动系统结构的全部信息。如前所述，人类知识活动系统是物质再生产、知识再生产、智力再生产的统一体。企业的基本职能作为人类知识活动系统的缩影，同样是智力再生产、知识再生产、物质再生产的统一体，如图 4.9 所示。以此类推，企业业务流程作为企业管理活动系统的重要组成部分之一，同样具有这样的结构。即在企业业务流程的每一个阶段和环节之中，都包含着知识活动系统的智力再生产、知识再生产、物质再生产这三个重要的组成部分。同样，企业知识活动系统的知识应用、开发和培训三个子系统也是其知识流程的重要职能和构成部分。这样，在知识活动系统的角度，企业业务流程和知识流程两者之间实现了完美的整合。

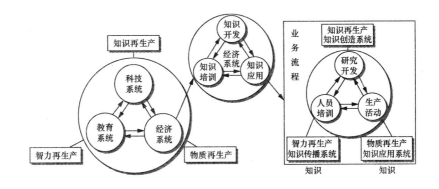

图4.9　知识流程嵌入业务流程的全息关系

第四节　本章小结

　　在本章中，研究的重点被放在企业知识流程上，由于知识流程并不是从来就有的，所以必须在现有的业务流程中再造出知识流程，再造的知识流程就是企业知识管理实施的核心问题。为此，本书首先从业务流程解析出发，描述了业务流程再造的内涵，分析了业务流程再造和知识管理的关系。然后，在对企业业务流程中的知识管理特点、知识流以及业务流程知识化等方面阐释的基础上，提出再造知识流程的观点。最后，指出知识流程与业务流程两者之间并不是相互对立的，它们之间存在千丝万缕的联系，因此，企业在进行知识流程再造后的工作就是从知识流程的运作和企业知识活动系统的构建两个方面探讨知识流程与业务流程整合的问题。知识流程和业务流程整合的依据来自于两个方面：一是从价值链角度来看，知识流程和业务流程之间在阶段和环节上存在着对应关系；二是从企业知识活动系统角度来看，由于具有全息结构特征，因此作为企业系统的重要构成部分，业务流程的每个阶段和环节也具有知识活动系统的三个子系统的特点和职能，从这个角度可以将知识流程与业务流程有机地整合在一起。在这个整合的框架下，企业的知识资源在综合的流程背景下沿着知识活动的路径完成每一次生命周期，进而实现业务流程下的企业发展目标，这样一个完整的循环往复的过程就是企业知识管理的实施过程。

第五章　知识审计：企业知识
管理能力的评价

　　企业只有了解了自身的知识基础与知识需求以及在此基础上所构建的知识能力，才能制定出适合的知识管理战略；只有将制定的知识管理战略放在实践中检验、评价，才能最终确保战略的合理性和有效性。根据著名学者安·希尔顿（Ann Hylton）博士的研究成果我们可以发现，许多企业知识管理项目的失败主要是由于实施知识管理之前，既没有弄清组织本身现有知识和潜在知识状况，也完全不清楚自身对知识存在的需求和自身的知识管理能力。"知己知彼，百战不殆"，如果连自身的情况都不能清楚、明确地知晓，那么，失败在知识管理项目实施之初就已经注定了。为了避免上述情况发生，对企业的知识管理状况特别是知识管理能力进行审计就显得尤为必要。

第一节　知识管理能力的解析

　　在系统阐述知识管理能力之前，我们有必要对能力进行一下说明。我们所说的能力主要包括以下含义：（1）能力是一种可以施加于客观世界的作用力，因此是可以观察和比较的。（2）能力存在于现实的社会主体之中，这个社会主体可以是个人，也可以是由多人构成的群体和组织；组织的能力是个人能力的系统整合，往往大于个人能力简单相加之和。（3）能力是一个多维向量，不同的社会主体具有不同的能力要素构成，有的研究开发能力强，有的推销能力强，有的组织管理能力强，有的体力强等。

（4）能力仅仅是社会主体可以施加于客观世界的作用力，不是实际施加的作用力，实际作用力的大小还要视社会主体发挥水平的高低而定。[1]

正如对已有文献分析得到的结果，知识管理之所以受到当今社会学术界和企业界的瞩目，是由于知识管理能够有效地促进和提高企业的能力与竞争力（Cohen & Levinthal，1990；Davenport & Prusak，1998；Nonaka & Takeuchi，1995），因此，实施知识管理是企业发展的现实需求。[2][3][4]

企业的竞争优势可以表现为价格、产品、技术、服务等多种形式。但不论是哪种类型的竞争优势，都是来自于企业所拥有的资源和能力。企业的能力就是"一组资源协同运作以完成某种任务和活动的可能性"（Grant，1995）[5]。如果资源是企业能力的来源，那么能力就是企业竞争优势的来源。企业独特的资源和能力具有创造竞争优势和更优业绩的潜力。企业的资源观认为，知识是企业最重要的资源。在创造财富的资源中，知识已经成为能够替代其他资源的资源。知识是企业资源的核心，知识管理是配置资源的手段，知识和知识管理是企业持续竞争优势的基础。企业要长期维持其竞争优势，则其必须依赖于不断创造新知识的能力。

一、知识管理能力概念的界定

要使知识管理富有成效，关键在于具有较强的知识管理能力，对于知识管理能力的表现，相关研究人员也从不同的角度作了阐释。

詹延遵、凌文轮等（2006）[6]认为，知识管理能力是指个人或组织在知识管理领域方面所具备的条件和作用力。企业的知识管理能力至少包括

① 博锐管理沙龙：《知识管理：资源、能力与核心竞争力》[EB/OL]. http://www.hotkm.net/kb/entry.jspa? entryID=340&categoryID=62，2005-6-24。

② Cohen, W. M., & Levinthal, D. A. Absorptive Capacity: A New Perspective on Learning and Innovation [J]. *Administrative Seience Quarterly*, 35: 12-152. 1990.

③ T. Davenport, L. Prusak (1998), Working Knowledge: How Organizations Manage What They Know [M]. Boston: Harvard Business School Press, 1998 and Innovation, *Administrative Science Quarterly*, 35 (1), 128-152.

④ Nonaka, Takeuchi. *The Knowledge Creating Company* [M]. New York: Oxford University Press, 1995.

⑤ R. Grant (1995), A Knowledge-based Theory of Inter-firm Collaboration [J]. *Academy of Management*. Best Paper Proceedings, 17-21.

⑥ 詹延遵、凌文轮、郑奔：《广州高新技术企业知识管理能力建设实证分析》，《科技管理研究》2006年第11期。

三个层面的内容：（1）知识管理的技术能力层面；（2）知识的组织、运用能力层面（学习型组织在更多方面是从知识的组织、利用层面来研究知识管理的）；（3）知识管理主体的产权组织制度。

　　马勤（2006）从企业知识理论的视角提出了三个方面的知识管理能力内涵：（1）知识管理能力的本质是知识整合与协调；（2）知识管理能力影响不同层面的知识管理；（3）知识管理能力由知识管理行为来体现。因此可以认为，知识管理能力存在于企业内部，是企业通过协调各种知识管理行为，整合存在于个人、团体和组织内部以及组织外部的各种知识以获取竞争优势的能力。它包括了知识吸收、创新、利用、转移、共享、保护等。①

　　李灵稚（2007）② 认为，对于组织而言，知识管理能力主要包括以下几个方面：（1）知识的分析与取得能力。知识的分析与取得是确定组织的知识管理目标之后，通过对组织内部能力的分析，对组织意欲取得的知识进行评估和了解，进而分析知识是否符合组织需求，最终通过内外部知识转化以及贸易等方式获取知识。（2）知识的学习与内化能力。知识的学习与内化是知识管理的最终目标。组织通过学习将知识内部化，使其与原有知识相结合，从而修正组织文化，并借此激励组织创新，使企业保持竞争优势。（3）知识的建构与储存能力。知识的建构与储存是指知识的转化、整合与储存知识的过程，目的在于有效管理知识，使其容易被组织成员了解、应用或者搜寻、参考与储存，从而系统化地管理知识。（4）知识的扩散与应用能力。知识的扩散与应用是指企业有效扩散、传播、分享知识，并应用知识进一步发挥、提高其价值的能力，这是组织对知识的采用程度以及扩散、分享的过程。其中，知识的分析和取得能力是企业对外部知识的遴选机制，而学习和内化能力、建构和存储能力以及扩散和应用能力是一个相互作用的整体，也是企业知识管理能力的核心，三者相互作用，一个良好运作的知识学习和内化、建构和存储以及扩散和应用机制是企业能够进行有效知识管理的关键。也就是学习和内化能力、构建和存储

　　①　马勤：《企业知识管理能力与竞争优势的关系研究》，湖南大学硕士学位论文，2006 年。
　　②　李灵稚：《现代服务业知识管理能力研究——以江苏省为例》，南京理工大学博士学位论文，2007 年。

能力以及扩散和应用能力作为组织知识管理能力的核心子能力，三者之间的相互作用状况直接决定组织知识管理能力水平与效率的高低，往往可视为一个整体进行管理研究。显然，知识管理也包括对自己特有知识的控制和保护。

从以上对企业知识管理能力的概念界定中我们可以看出，这些研究把视角都集中在知识流程之中，从知识流程的不同阶段和环节来强调或提出知识管理能力的构成与建设策略，突出了知识流程和知识链的价值与作用。然而，这种知识管理能力的概念忽视了知识流程与业务流程的结合，从而把两个流程无形中割裂开来，这样就降低了知识管理能力的针对性和实施的价值。为弥补这个方面的不足，本书尝试从知识流程与业务流程存在的天然联系出发，综合上述专家学者的观点，从知识活动系统的角度提出企业知识管理能力的概念。所谓知识管理能力，就是企业中的个体和群体在知识活动系统的各个子系统中围绕知识管理领域所具备的条件和作用力。这些能力主要包括知识的生产能力、传播能力和应用能力，这些能力主要来自企业知识活动系统的知识再生产、智力再生产和物质再生产活动，而这些活动恰恰体现在业务流程的每一个阶段和环节之中。

二、知识管理能力框架的构建

（一）框架的界定

框架可以界定为奠定现象的基础概念结构，框架将鉴别、界定和联系现象的核心本质，框架将有助于理解、组织并系统地反映与现象相关的概念。框架与理论的不同就在于，框架是根据构想或变量来描述现象的。框架将进一步解释变量间的关系，来得出一种理论，而理论用于解释并预测现象，框架的类型各不相同。框架可以以分类学、数学等式或概念体系的形式呈现出来，框架可以是描述性，也可以是规定性的，框架可以是一般的，或者是特殊的。在理解知识管理现象的研究方面发展起来的框架可以分为描述性的和规定性的。描述性的框架探寻知识管理体系的总体特征，也就是用来检验知识体系的构成和本质。在描述性框架下又可以分成全面性和局域性两个子目录，全面性框架从整体诊断的角度来描述知识管理体系；局域性框架则把重点放在知识管理体系的某个方面，如管理支持或者促进知识共享所需技术的可使用性等。规定性框架则探寻企业组织内部知识管理体系的方法、过程和贯彻实施等。本书的目标主要从总体上来检验企业的知识管理状况，也就是说，探寻企业内部知识管理能力的诸多制约因素，并非想具体提出知识管理实施流程和方法，因此，这里将以描述性知识管理框架为主要对象展开讨论，更具体一点说，展示相关知识管理框架性概念，在此基础上构建知识管理能力框架模型。

（二）知识管理能力框架

正如知识管理能力所描述的，我们这里所说的知识管理能力是指依托企业知识活动系统所提出的框架。这个框架主要包括三个方面的内容，即知识的生产能力、传播能力和应用能力。除了这三个方面的内容之外，为了更全面、完整地体现企业的知识管理能力，本书在此基础上还补充了企业知识环境支持能力这个维度，在这个维度之下，又可以细分为知识管理的组织支持能力和技术支持能力两个方面。

1. 知识的生产能力

根据企业知识活动系统可知，知识的生产过程是企业知识活动系统的重要组成部分即其中的一个子系统。企业的知识生产能力主要是指企业中的个人和组织在知识活动过程中通过研究开发等活动，利用已有知识创造新知识的能力。主要包括企业员工学习能力、组织研究开发资源投入、组织知识资源的辅助决策分析能力等方面的内容。

2. 知识的传播能力

由企业知识活动系统可知，知识的传播过程是企业知识活动系统的重要组成部分之一。企业的知识传播能力主要是指企业中的个人和组织在知识活动中通过学习和培训等环节，在对其所拥有和可支配的知识资源在人与人、人与组织以及组织与组织之间进行交流与共享过程中所表现出来的能力。

3. 知识的应用能力

同样，由企业知识活动系统可知，知识的应用过程是企业知识活动系统的重要组成部分之一。企业的知识应用能力主要是指企业中的个人和组织在知识活动过程中利用其所拥有和可支配的知识资源来重新对物质资源进行配置，制造物质产品或者是提供优质的服务，以创造更大价值的能力。

4. 企业知识环境的支持能力

企业知识环境的支持能力是指企业为确保知识活动过程圆满、有序地进行而在知识组织和知识技术方面从事的各项工作，这些工作在完善程度及其对知识管理有效实施方面所表现出来的支持与保障能力。

这四个方面的五种能力结合在一起，相互支持、相互保障，形成了完整的基于企业知识活动过程的知识管理能力框架体系。

随着我国市场经济的发展，知识管理已成为企业形成并强化具有自身特色的核心竞争力的一种有效手段。但是，在向企业中推行或导入知识管理过程中，最常遇到的问题是项目实施前不清楚企业各部分是否已经做好充分准备，或者项目实施后不知道是否符合相应的标准和要求。为了解决这些问题，企业必须了解自身有关知识管理的具体情况和实施知识管理的能力，才能有效地达成推行知识管理的目的。而了解自身能力和状况的一个有效方法就是利用知识审计来对企业的知识管理能力进行全面的评价与审核，特别是围绕以上四个方面开展定性和定量的审计工作，以期获得关于企业知识管理能力的全面评价结果，为企业导入与进一步实施知识管理提供科学、有效的指导。

第二节　知识审计

知识审计是知识管理实践活动中的一项重要内容，知识审计的目的就是要去识别和发现知识管理实施前、实施过程中以及实施后的各环节中存在的各种问题。尽管如此，本书应用知识审计主要是借助这个工具，去有目的和有意识地发现组织中知识资源被使用和被管理的状况，考察知识管理战略实施的绩效，以期对企业知识管理能力做出定性和定量评价，不断改进和完善其知识管理战略。

一、知识审计的内涵

（一）知识审计的研究背景

齐沙等人（Chiesa, et al., 1996）① 最早提出了"技术审计"的概念，并提出过一个二维创新审计框架，把创新审计分为过程审计和能力审

---

① Chiesa V., Coughlan P., Voss C. A. Development of a Technical Innovation Audit [J]. *Journal of Production Innovation Management*, 1996 (13): 105 – 136.

计两个层次。这里的审计是借用财务学的概念，它通过对创新活动的表现和实施情况度量及评测找出同基准之间的差距及其原因，并制订弥补这一差距的可行性计划①。希尔顿（2002）认为，知识审计是对公司知识资源进行系统的、科学的考察和评估，针对公司的知识状况，提出诊断性和预测性的报告。戴维·斯凯米（David Skyrme, 1998）② 认为，知识审计就是识别组织核心的信息和知识需求，分析知识差距和知识流等，并判断它们对经营目标的影响，因此知识审计集中回答如下问题：为了解决特定的问题，已经有了哪些知识、缺乏哪些知识、谁需要这些知识、他们如何使用这些知识。莱布维茨（Liebowitz, 1999）③ 也指出，知识管理方法论的一个关键部分是实施知识审计。同样，维格（Wiig, 1993）④ 也认为，知识审计在企业知识管理过程中可以确认以下几个方面：信息过载或信息匮乏；在组织中的别处信息意识的匮乏；在保持与有关联的信息的并列方面的无能；重要的"重复发明的循环"；过时信息的一般用途；在一个特定领域中不知道到哪儿去找专门技术。

　　希尔顿理解的审计目标是掌握公司整体的知识状况和机遇，斯凯米理解的是了解公司核心知识资源与知识需求。另外，知识审计的范围应该包含两个方面：（1）组织已有的知识，即知道自己所知道的，也即知识基础；（2）组织缺乏的知识，即知道自己需要什么，也即知识需求。只有知道自己拥有哪些知识，才有可能找到知识存储与传播的最有效方法。也只有知道知识需求，才能找出知识差距。这个知识差距也可以按樊志平教授（2002）的观点称作知识缺口，主要是指组织的知识需求与知识供给之间的差异，知识审计的目的就是发现这种知识缺口的存在及状况。⑤ 希

　　① 陈劲、余芳珍：《技术创新 SPRE 审计模型及其应用研究》，《研究与发展管理》2006 年第 5 期。

　　② David Skyrme. Measuring the Value of Knowledge: Metrics for Knowledge Based Business [J]. *Business Intelligence*, London. 1998.

　　③ Liebowitz J. *Knowledge Management Handbook* [M]. Boca Raton: CRC Press LLC, 1999, pp. 9 - 4, 11 - 5, 13 - 3, 13 - 5, 13 - 6.

　　④ Wiig K. M. 1993. In *Knowledge Management Handbook*, Liebowitz J. (Ed.). CRC Press: London, 1999.

　　⑤ 樊治平、孙永洪：《基于 SWOT 分析的企业知识管理战略》，《南开管理评论》2002 年第 4 期。

尔顿提出以人为中心的知识审计，他从效率和效果两个方面来评估知识传播、使用和共享的水平。审计对象包括：知识工作者（人力资源或人力资本）；包含在文档与信息系统中的知识内容的质量和相关性；人们获取、传播和共享知识的流程；提高知识文档处理的速度、效率和安全等。最终形成知识审计报告。审计报告一般包括绘制知识地图和提供建议两部分。知识地图揭示了组织的知识状况、知识流、知识网络等内容，并可以分析组织的知识差距。在审计完成后，对组织知识问题的解决提出合理的建议。需要澄清的是，这里涉及的知识审计有别于传统财务上的审计，它具有自身的特殊含义。它是指对知识产生的效果进行检查，应列入商务策略范畴。知识审计不仅要检查知识的差距，也要检查关键的知识内容。哪里的信息在流动、哪些知识被创造而没有任何价值等。在检查过程中可以询问："这个报告如何产生的？这个信息有什么价值？"等类似的问题。这样有助于排除那些没有价值的"信息链"（Information Chains），找到有价值的"知识链"（Knowledge Chains），这样也有助于确保企业决策的正确性，同时不会使大量的工作相互排挤，有助于工作的平衡和减轻工作的负担①。

（二）知识审计的定义

根据以上的论述，笔者认为知识审计是一个动态的、循环的流程，它对企业知识资源进行系统的、科学的考察和评估，分析企业已有的知识（知识基础）与缺乏的知识（知识需求），针对企业的情况，提出诊断性和预测性的审计报告。知识审计在实践中能够回答的主要问题有：为解决特定的问题，企业已经拥有哪些知识、缺乏哪些知识、谁需要这些知识、他们从哪里获取这些知识以及如何利用这些知识，等等。

另外，根据维格（Wiig，1993）②的观点，知识审计还可以确认以下几个方面的问题：组织信息过载或信息匮乏问题、在组织中的别处信息意识的匮乏问题、在保持与之存在关联信息的并列方面的无能问题、重要的"重复发明的循环"问题、过期信息的一般用途问题以及在某特定领域中

① 《知识管理策略是商业策略》［EB/OL］．http：//www.ebwh.cn/2006 - 3/200633114226. htm。

② Wiig K. M. 1993. In *Knowledge Management Handbook*, Liebowitz J. （Ed.）. CRC Press：London；1999.

不知道从何处寻找专门技术的问题。

（三）知识审计的团队

知识审计需要由一个审计团队来实施。企业组建的知识审计团队要由不同的专家组成，包括企业战略制定者、财务专家、人力资源专家、知识分析家、知识产权专家和市场营销专家等。当然，由企业内多个不同部门组成知识审计团队，难免会有不同程度的意见分歧。因此，在知识审计团队成立之后，要通过内部的知识学习与共享使各成员对知识审计的原因和目标达成一致。

（四）知识管理能力的审计

知识管理能力的审计就是运用知识审计的理论与方法，从知识活动系统的构成，即知识的生产、传播、应用以及知识环境因素四个方面，对企业知识资源运行状况进行审计，进而得到企业知识管理能力的综合评价结果的分析过程。

二、知识审计的对象

一般来说，知识审计的对象主要包括知识主体（人）、知识客体（即知识本身）与知识环境三个方面。其中，知识主体人既是知识的拥有者，也是知识的接受者。在这部分，一方面要审计人的知识流程、彼此的关系等内容；另一方面还要熟悉企业各部门的工作内容与目标，以便确定知识需求。需要提及的一点是，这里所说的人不仅指组织内的知识工作者，还包括了客户、供应商等组织价值链上的知识主体。知识客体即知识本身也是知识审计对象的一部分。知识有显性知识和隐性知识之分。其中，显性知识存在于数据库、文档等载体之中，而隐性知识存在于人的头脑中。所以，审计知识时，不仅要审计结构知识（即人走后，留在公司的知识，基本上相当于显性知识），也要审计隐性知识。同样，由于知识环境对知识活动也起着推动或阻碍的作用，所以，在知识审计过程中也要作为重要对象加以重点考虑。知识环境有技术环境与组织环境两个方面。技术环境主要是指信息技术，也可以理解为信息技术基础设施。组织环境包括组织设计和组织文化，组织设计是指组织的流程和结构，组织文化间接地反映了知识共享的文化和组织的价值观。

基于以上分析，本书主张知识审计的对象包括知识的生产、传播、应用以及知识环境因素四个方面。

（一）知识的生产

在知识审计过程中，由于人既是知识的拥有者，又是知识的接受者，所以人自然就成为知识审计的主体。在对知识活动主体（人）进行审计过程中，不仅要审计人的知识流程、彼此的关系等内容，而且还要熟悉企业各部门的工作内容与目标，以便确定知识需求。需要提及的是，在知识审计过程中所涉及的人不但是指企业内的知识工作者，而且还包括企业的客户、供应商等价值链上的知识活动主体。

（二）知识的传播

知识活动客体即知识本身。由于知识分为显性知识和隐性知识两种类型，显性知识一般存在于企业中的数据库、文档等载体之中，而隐性知识存在于人的头脑中。所以，审计知识时，不仅要审计结构化的知识（即在人员流动之后，仍然留存于企业当中的知识，这部分知识属于显性知识），而且同时要审计隐性知识的传递过程与途径。

（三）知识的应用

知识是在应用过程中创造价值。知识审计在这个过程中主要是要了解企业对来自结构化和非结构化知识资源在实际中应用的效果的评价。

（四）知识的环境因素

知识环境对知识管理活动或起着推动作用，或起着阻碍作用。知识环境是指组织构建一个易于知识网络形成，便于知识活动、创新活动进行的组织环境。它包括知识的组织环境和知识的技术环境。知识环境是知识管理活动的基础，任何有效的知识管理都有赖于一个良好的知识环境，没有良好的知识环境就谈不上知识管理；知识环境是创新的基础，任何知识资产都产生于创新活动，如果没有创新活动，也就没有任何知识资产，知识管理也就流于空谈。因此，知识环境也是一种创新的环境，所以必须构建好组织的知识环境。[①]

三、知识审计的流程

企业在进行知识审计时，首先要考虑由谁来实施知识审计，也就是说，组织需要组建知识审计团队。其次要考虑审计什么内容，即审计的对

[①]　林榕航：《知识管理原理：从传统管理迈向知识管理的理论与实现》，厦门大学出版社2005年版。

象。再次要考虑如何实施审计，即知识审计的流程。同时，在审计过程中，还需要考虑知识审计方法选择的问题。知识审计是动态的、循环的过程。一个完整的知识审计过程，一般来说，包括三个阶段（见图5.1）。

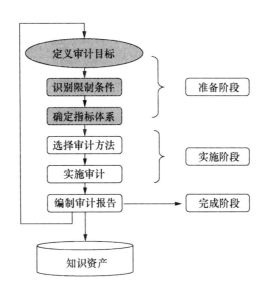

图5.1 知识审计流程图

（一）准备阶段

准备阶段要提出知识审计的目标，识别各种限制条件，制订知识审计的计划，确定知识审计的指标体系。提出审计目标，就是为了明确审计的目的、对象和范围，所以提出的目标要尽可能地具体；识别限制条件和制订计划，是为了在知识审计实施过程中，能有的放矢，并把成本控制在预算之内。这里的限制条件，包括了财务预算上的限制、组织内部基础设施的限制、时间限制等；确定知识审计的指标体系则是为知识审计提供一个比较的基准，前提是要对知识管理的理想状态有较为清楚的认识。

（二）实施阶段

实施阶段就是在准备阶段所做工作的基础上，要依据企业的具体情况，选择知识审计方法，实施知识审计。知识审计的实施阶段包括数据的收集和分析等项工作。

（三）完成阶段

在完成阶段，要整理和评价知识审计完成后得到的数据，形成审计的意见和建议，编写知识审计报告。一般来说，需要绘制知识地图，描述组织的知识流，找出组织的知识差距。

四、知识审计方法的选择

（一）知识审计的方法

1. 乔伊·莱布维茨知识审计方法①

莱布维茨博士是美国马里兰州巴尔的摩县（Maryland – Baltimore County）大学教授，莱布维茨等人提出分三步进行的知识审计方法。第一步是识别目标领域内现有的知识，即确定目标领域内现有的和潜在的知识汇集点、知识源、知识流和限制条件，包括识别影响目标领域的环境因素；识别并定位目标领域的显性知识和隐性知识；建立目标领域的知识地图，描述知识分类体系和知识流。第二步是识别目标领域内缺乏的知识即进行差距分析，找出要达到经营目标还需要哪些知识；确定谁需要这些知识。第三步是对目标领域内的知识管理提出建议。

2. 德尔菲知识审计方法

全球最卓越知识型企业（Most Admired Knowledge Enterprise，MAKE）在 1998 年由特利奥斯（Teleos）发起并主办，每年一度。全球 MAKE 研究是建立在德尔菲（Delphi）方法论基础上的，利用专门讨论小组鉴别关键问题，通过三个轮次的筛选，达成最后的一致意见。第一轮，由专门讨论小组的成员提名可能的全球 MAKE 公司。第二轮，专门讨论小组的每个成员从被提名的组织中选出最受钦佩的 3 家公司，至少有 10% 的专门讨论小组成员选中的组织才能成为全球 MAKE 最后参加决赛的公司。第三轮，使用以下 8 个指标作为评选标准对公司打分，每个指标最高为 10 分，最低是 1 分。最后，特利奥斯（Teleos）将根据专家讨论结果并结合其他指标综合分析给出最终结果。

8 个指标主要包括在：（1）创建知识型文化环境方面，公司所做出的努力；（2）公司高层管理人员对知识管理的支持与认可程度；（3）公司

---

① Jay L., Bonnie R. M., Doug McCaw. The Knowledge Audit. ［2006 – 09 – 28］. http：// userpages. umbc. edu/buchwalt/papers/KMaudit. htm.

开发和提供知识型产品或服务的能力；（4）最大限度地发挥公司智力资本价值的成就；（5）公司在创建能促进知识共享的环境方面的措施；（6）公司是否已形成了一种能不断进行持续学习的文化环境；（7）有效管理顾客知识，以增加顾客的忠诚度与利润贡献度；（8）通过知识管理为股东最大限度地创造财务利润。

（二）知识审计的方法选择

知识审计是一个新兴的研究领域，还没有比较成熟的审计方法。目前，比较流行的有希尔顿博士提出的 HyA – K – Audit 方法、德尔菲的知识审计方法——KM2 方法、莱布维茨等学者提出的审计方法、斯凯米提出的方法等。具体采取何种方法，主要应该结合企业自身的特点来做出选择。

（三）知识审计的一般方法①

1. 调查表法

调查表法是根据审计工作的要求事先拟好需要了解的问题，设计好调查表格，发给有关人员征求意见的方法。这是知识审计中收集审计证据的一种重要方法。调查表一般设计成问题式，所以又叫问题式调查表。设计调查表时，应注意它的必要性、可行性、准确性和艺术性。调查表可以发给相关人员，也可以发给全体职工。填表人可以署名，也可以匿名。填表时可以由审计人员现场填写，也可由被调查人填写。具体情况应根据工作需要而定。

2. 流程图法

流程图法即用各种符号将某一种业务程序绘制成一张工作流程图的方法。这种方法可用于反映管理工作中各部门的联系，或某一管理工作的程序；可以采用调查内部控制的流程图符号绘制，也可使用其他符号。但是，一个审计团队和审计项目所采用的符号必须一致，以便于人们识别。

3. 组织系统图法

组织系统图法将审计的单位各级组织机构绘制成一张图，用以反映被审单位从上到下和各部门机构间的领导关系及知识供需关系。这是一种可以审查被审单位的知识管理组织机构是否健全，知识供需分工是否明确的

---

① 程娟：《知识审计研究》，《图书情报工作》2007 年第 11 期。

方法。

（四）知识审计的执行步骤

从现有的知识审计方法看，无论哪种方法，在执行知识审计过程中，一般都包括以下四个关键步骤：

1. 知识调查

采用问卷调查与访谈相结合的方法进行知识调查。在以上提及的几种审计方法中，无论哪种方法，都强调了知识调查的重要性，而且都采用了问卷调查和访谈两种手段。这是因为大部分的知识以隐性的方式存在，知识本身是以人为中心的，所以，对知识的审计需要从人对知识的理解入手。另外，知识审计本身的要求也决定了知识调查的必要性，只有进行调查，才能揭示隐性知识的分布，了解知识工作者的知识需求。

2. 分析调查数据

一般可以借助分析工具进行调查数据分析。这个阶段，要对调查的数据量化，进行深入的分析，以发现问题。

3. 形成知识审计报告

知识审计报告一般包括绘制知识地图和提供建议两部分。知识地图揭示了组织的知识状况、知识流、知识网络等内容，并可以分析组织的知识差距。在审计完成后，也应该对组织知识问题的解决提出合理的建议。

4. 选择知识审计的方法

根据企业的具体情况选择知识审计的方法。企业类型、企业知识的组成结构、主体业务、员工构成、审计目标等都是影响知识审计方法选择的因素。即使同一种审计方法，在用于不同的企业时，也会有所差异或有所变化。但无论选择哪种方法，基本上都应该包含以上步骤[①]。

五、知识审计与知识管理的关系

应该明确的是，知识审计是知识管理审计的一个重要构成部分。所谓知识管理审计，是指知识管理责任机构或人员（如 CKO）按照一定的程序和方法，以知识管理的管理活动和管理的对象资源为主要审计对象，查明问题并提出解决问题的办法，以改善管理素质，提高管理水平和效率为

---

① 祁延莉、冯静：《知识管理专题之二：知识管理以知识审计为基础》［EB/OL］．http：//industry. ccidnet. com /pub/ article/c1163_ a59404_ p1. html.

目的，从而促进知识管理的能力提高而进行的一种审计和管理相结合的活动。知识管理审计包括知识审计、安全审计、能力审计等知识管理实践过程中全方位的知识管理对象和活动的审计，它是一个动态的循环的流程。

对于企业知识管理而言，知识审计的目的在于：（1）提高企业对知识管理的关注程度；（2）深入洞察企业知识的范围、特征与结构，为知识管理战略计划和控制知识管理活动提供有用的数据；（3）识别相关的企业知识库，科学评估特定知识库知识的质量与数量特征；（4）分析知识管理的环境、障碍和促进因素；（5）揭示企业知识管理的优势与劣势；（6）设计未来知识管理方法路线图。[1][2]

知识审计的价值[3]在于：（1）准确地显示怎样通过人、机构和客户资本创造价值；（2）突出怎样才能通过知识共享和组织学习发挥知识应用的杠杆作用；（3）帮助试点项目提高知识管理实践；（4）向股东展示公司的能力。这些是任何知识导向型公司的战略的主要部分。

知识审计通常具有如下意义：（1）识别核心知识资产和流程；（2）识别有效管理企业所需的信息与知识差距；（3）识别需要改善的信息政策与产权领域；（4）识别减少信息处理成本的机会；（5）识别可以提高合作与访问公共需求信息的机会；（6）了解知识对企业绩效的贡献，揭示目前没有得到充分利用并具有使用潜能的各种知识；（7）帮助企业识别支持整个组织目标和个人与团队活动所需的知识；（8）对那些正在得到有效管理与需要改善的知识提供有力证据；（9）提供知识地图、意见交流流程与网络，揭示成功的实践范例及其障碍；（10）提供知识资产清单，使知识资产更加显化、可测量和可解释；（11）提出对现有流程的改进，指明企业用哪种方式可以改善企业知识的管理；（12）识别那些有意或无意成为知识增值阻碍的人员；（13）评估知识使用与交流的现有水平；（14）识别企业强势、弱势、机会与威胁；（15）揭示成功的企业知

---

① 　Debenham J. , Clark J. The Knowledge Audit［J］. *Robotics and Computer Integrated Manufacturing Journal* 1994，11（3）：201 – 211.

② 　Kai Mertins，Peter Heisig and Jens Vorbeck：《知识管理——原理及最佳实践》，清华大学出版社 2004 年版。

③ 　奉继承：《知识管理：理论、技术与运营》，中国经济出版社 2006 年版。

识管理基准；（16）为形成更有效的知识管理方案与计划提供重要信息①。

因此，作为知识管理活动的重要构成部分的知识审计，在知识管理导入与实施过程中发挥着不可或缺的重要作用。

六、知识审计的作用

根据上面的叙述，我们知道一般的知识审计往往包括如下活动：（1）利用问卷调查与访谈等方法识别知识需求；（2）以可利用知识类型为中心建立知识目录；（3）确定知识存在的地方；（4）确定知识是如何保存的、用于什么目的以及它们是如何关联的；（5）根据人员、流程和系统分析知识流；（6）创建知识地图；（7）提供最终知识审计报告等。

而且，由于知识审计能够对企业经营理念、企业技能与知识、员工、信息技术及其应用、组织结构与设计进行系统地、科学地评估与分析，深入洞察企业知识的范围、特征与结构，识别核心知识资产与流程、企业知识需求与知识差距、有待改进的知识领域与机会，提供知识地图、知识资产清单、知识改进流程、组织变革、战略规划与任务指派的方向，因此，知识审计有助于企业系统地挖掘企业和个人的竞争优势，分析企业在构建核心竞争力方面存在的弱势与威胁，为最终确立企业核心竞争力战略提供必不可少的支撑②。

尽管如此，但安·希尔顿博士和乔伊·莱布维茨博士在他们的研究中发现，早期和近年来知识管理的实践者在整个知识管理战略规划和实施过程中，往往忽略了知识审计③④。其实，对于组织而言，只有清楚现有的知识和潜在的知识，认清自己的知识基础和知识需求，才能制定知识战略，才能有效地实施知识管理，所以无论是知识管理战略的确立，还是知识管理实施初始阶段的建模，都要以知识审计为基础。知识审计无疑是着手知识管理最重要的第一步，关系到知识管理的成败。

---

① Paramasivan T. Knowledge Audit [J]. *The Chartered Accountant*, 2003, 52 (5): 498 – 506.

② 盛小平、刘泳洁：《知识审计在企业核心竞争力识别中的应用》，《情报理论与实践》2007 年第 6 期。

③ Ann Hylton. A KM Initiative is Unlikely to Succeed Without a Knowledge Audit. http://www.annHylton.com.

④ Jay L., Bonnie R. M., Doug McCaw. The Knowledge Audit. [2006 – 09 – 28]. http://user pages. umbc. edu/buchwalt/papers/KMaudit. htm.

　　若企业不执行知识审计，就很可能损失其核心竞争力。例如，英国电信在 1976 年首创了万维网关键要素之一的超链接（Hyperlink），并于 1980 年提出最终版本，1989 获得美国专利权。20 世纪 90 年代虽然互联网/万维网呈指数幂般地不断涌现与增长，但是，英国电信遗忘了这种藏在十分"安全"宝库中潜在的与实际财源密切相关的权力。直到 2002 年，英国电信才在它 15 000 个全球专利的例行检查中偶遇这种专利。这时，英国电信才对外宣称拥有超链接的专利权，要求 17 个美国互联网服务公司为使用这项专利付费。如今，英国电信在美国不得不承受由于疏忽知识审计而带来的昂贵与漫长的官司①。

　　因此，知识审计作为知识管理的重要定量评价工具，主要具有以下几个方面的作用：

　　（一）为知识管理战略提供评价的依据

　　知识管理战略制定是一个长期的发展过程。这是因为战略制定与实施过程是一个历史的过程，不是一蹴而就的。因此，就需要在战略实施过程中，通过评价等手段，对企业的知识管理战略开展知识审计，以期不断改进和完善企业知识管理战略。

　　（二）使知识管理能力的评价定量化

　　以往，对知识管理的研究缺少定量评价的方法和手段，只能停留在定性分析基础上，然而随着企业的不断发展，仅仅依靠定性分析与研究并不能完全适应当前企业管理的需要。而通过知识审计的方法，开展定性与定量相结合的方法对企业知识管理实施状况特别是知识管理能力进行评价，就可以在一定程度上弥补这方面的不足，为今后企业知识管理的有效实施提供判断和决策的依据。

　　（三）描绘与丰富企业的知识内容

　　企业在对知识管理能力进行知识审计后，可以实现对自身知识基础的全面盘点，进而描绘出企业拥有的知识、企业知识流和知识追踪的知识地图，这些作为派生的新的知识资源不仅可以为下一阶段企业知识价值链布局提供准备的依据，更重要的是可以进一步丰富企业的知识内容。

---

　　① Hylton A. Measuring & Valuing Knowledge：The Role of the Knowledge Audit［EB/OL］．［2007 - 04 - 10］．http：//knowledge management. It toolbox. com /pub/EK072202. pdf.

（四）揭示对企业知识进行管理的优势和劣势

如果知识管理活动成功地融入业务流程中，那么通过知识审计就可以客观地对之进行评价。同样，知识审计也是有助于企业管理层和员工开始关注知识管理的最佳实践方法，特别是一些已经在企业某些部门有所应用但却未被视为最佳实践的方法；另一方面，知识管理审计还有助于发掘出企业现有的基于知识资源的潜力[①]。

（五）分析知识管理的环境，即障碍和促进因素

企业文化、领导力、人力资源管理、信息技术、流程组织与控制等与知识管理有关的不同方面，既可以是知识管理活动的促进因素，也可能是其实施过程中的障碍。重要的是任何措施都应考虑改进知识管理并适应具体的组织环境[②]。

（六）提高企业知识管理的关注程度

企业员工在知识审计中的参与、撰写详尽审计报告以及所做的内部沟通，提高了知识有效处理方法的受关注程度，改善了企业在知识管理方面所具备的潜力和优势。因此，鼓励员工参与知识审计流程的各环节工作以及对员工在具体业务流程中需求的确认，这是任何要进行变革项目成功的根本原因之一。这些审计方法使接下来要实施的方案不仅更易为员工所接受，而且极大地提高了企业知识管理的受关注程度，并可以避免或降低员工将知识管理视为额外的、消极的负担等问题的出现或发生几率。

（七）有助于设计未来知识管理方法路线图

知识审计使企业员工明确了在知识管理活动中应当采取何种方法，以及应该以何处为知识管理的起点。通过知识审计，企业管理层和员工对当前环境和潜力有了更加清晰明了的认识，并在规划未来的知识管理活动时能够给予更加系统考虑。

（八）为控制知识管理活动收集可以测量的数据

知识管理活动所带来的好处日益重要，但对于知识管理能力的衡量经常因缺少关于当前企业知识管理现状的数据而受阻。知识审计有助于收集

---

① Kai Mertins, Peter Heisig and Jens Vorbeck：《知识管理——原理及最佳实践》，清华大学出版社 2004 年版。

② 奉继承：《知识管理：理论、技术与运营》，中国经济出版社 2006 年版。

这些数据，尽管它不同于某一时间知识库存水平的方法。不过，通过知识审计所获得的测量的数值可以纳入所谓的知识资产负债表之中。

根据以上的论述，我们可以以知识审计的内涵和职能为基础，将其广泛应用于知识管理能力的评价中，通过它的应用及所提供的资料和数据，为企业知识管理的有效实施提供指导和帮助。

知识管理的能力主要涉及知识的生产、传播、应用与知识环境支持四个部分共五个方面的内容。这恰好与知识审计的对象是一致的。所以，基于知识审计的企业知识管理能力的指标体系将更侧重于对企业中知识的生产、传播、应用与知识环境因素等方面的管理程度加以考察。

七、企业知识管理能力指标体系的内容

（一）企业知识管理能力评价的必要性

既然企业知识管理能力的高低直接影响着企业竞争力的强弱，对企业知识管理能力测评自然是我们关心的话题，实践证明，一些企业实施了知识管理，因为知识管理能力不高，给企业带来巨大的损失，[1] 所以现实也要求我们对企业知识管理能力进行科学测评。然而，目前国内外很多研究都是针对知识管理绩效测评的，[2][3] 对企业知识管理能力测评的研究却很少。绩效测评存在滞后性、片面性、容易误导等缺点，知识管理能力测评不存在滞后性，不会误导，却有较大的优势。在微观上，企业知识管理能力的评价可使企业管理者掌握第一手资料，在知识管理能力评价体系的指导下，了解和控制企业知识管理过程，加快企业知识创新的步伐，改善知识管理的信息技术平台，激发员工知识创新的热情。在宏观上，可以反映企业的知识管理现状，使企业能够对自身的知识管理水平进行纵向比较，或与相关企业进行横向比较，发现自身存在的问题，总结经验和教训，为正确指导企业知识管理的发展提供决策依据，达到进一步提高知识管理能力和增强企业竞争力的目的。

---

① 　Patricia M. Norman. Knowledge Acquisition，Knowledge Loss，and Satisfaction in High Technology Alliances ［J］. *Journal of Business Research*，2004，57：610 – 619.

② 　Kun Chang Lee，Sangjae Lee and In Won Kang. Measuring Knowledge Management Performance ［J］. *Information & Management*，2005：46 – 48.

③ 　王君、樊治平：《组织知识绩效的一种综合评价方法》，《管理工程学报》2004 年第 2 期。

（二）知识管理能力评价指标体系设计的背景

企业实施知识管理的成败关键，技术层面所占的比例并不大，余下的主要决定于企业自身的努力与企业知识管理流程的正确与否。因此，企业的知识管理能力应该是一套完整、实际且具有可以量化评估的方案。该方案兼顾知识活动系统和知识环境因素的五个方面，进行量化的诊断与能力衡量。企业在知识技术环境支持能力部分的审计，主要就企业知识管理系统的建设情况和知识网络的建设及完备程度等方面进行。企业在知识组织环境支持能力部分的审计，主要就企业组织结构的市场反应时间、组织对个人和团队的知识奖惩制度、组织文化对知识共享和创新的支持程度和组织人员的知识分享意愿等方面进行。企业在知识的传播能力部分的审计，主要就企业知识扩散的技术状况、信息数字化和文件化程度、培训教育费用比率、人际与团队的沟通与互动状况、组织高层对知识扩散的重视程度等方面进行。企业在知识的生产能力部分的审计，主要就企业组织员工学习能力、组织系统整合专业知识的能力、组织研究开发资源投入、组织激励创新机制、组织高层对知识转化的重视程度等方面进行。企业在知识的应用能力部分的审计，主要就企业新产品（服务）被接受的时间、内部作业流程的效率变化度、对市场环境变化反应的时间、知识密集型产品创新的周期、组织高层对知识应用的重视程度等方面进行。

通过审计应该明确的是，知识管理并非仅是一个技术平台或管理概念，更重要的是企业的新资产或新产品。正因如此，知识管理能力，应该以知识营销（Knowledge Marketing）概念与大众分享。企业知识管理能力的研究报告，可借助网络或平面媒体适度曝光，不仅可以协助企业取得市场领导的主动权，也可以迅速提升企业的竞争优势，获得更多商机和吸引优秀人才加入。

（三）指标体系的构成

建立基于知识审计的企业知识管理能力指标体系的基本作用是为了更好地揭示企业知识管理实施的基础与可能性，预测企业今后实施知识管理过程中的各种潜在能力，描绘企业未来的知识管理图景，为企业管理者能够快速、方便地适应市场变化，得到客观、准确的管理信息，从事有关的决策提供参考。其评价指标体系结构如图 5.2 所示。

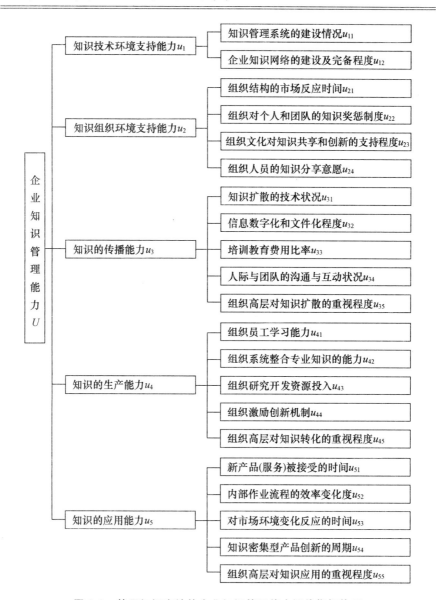

图 5.2 基于知识审计的企业知识管理能力评价指标体系

从图中我们可以看到,基于知识审计的企业知识管理能力指标体系采用三级指标层次构成体系,其第一级为目标层,就是把企业知识管理能力

（U）作为定量评价的目标；第二级为准则层 u_i（其中 $i=1，2，3，4，$
5），分为 5 个方面，分别为知识技术环境支持能力（u_1）、知识组织环境
支持能力（u_2）、知识的传播能力（u_3）、知识的生产能力（u_4）、知识的
应用能力（u_5）；第三级为对象层 u_{ij}（其中 $j=1，2，…，21$），分为 21 个
个对象，分别为知识管理系统的建设情况（u_{11}）、企业知识网络的建设及
完备程度（u_{12}）、组织结构的市场反应时间（u_{21}）、组织对个人和团队的
知识奖惩制度（u_{22}）、组织文化对知识共享和创新的支持程度（u_{23}）、组
织人员的知识分享意愿（u_{24}）、知识扩散的技术状况（u_{31}）、信息数字化
和文件化程度（u_{32}）、培训教育费用比率（u_{33}）、人际与团队的沟通与互
动状况（u_{34}）、组织高层对知识扩散的重视程度（u_{35}）、组织员工学习能
力（u_{41}）、组织系统整合专业知识的能力（u_{42}）、组织研究开发资源投入
（u_{43}）、组织激励创新机制（u_{44}）、组织高层对知识转化的重视程度
（u_{45}）、新产品（服务）被接受的时间（u_{51}）、内部作业流程的效率变化
度（u_{52}）、对市场环境变化反应的时间（u_{53}）、知识密集型产品创新的周
期（u_{54}）、组织高层对知识应用的重视程度（u_{55}）。

（四）指标体系中各指标的内涵解释

各项具体指标是整个指标体系的核心，它们按评价方式可分为计量指
标和评议指标，下面将对各项具体指标的内涵作出详细的解释，并提出评
价方法和相应的指标说明。

1. 知识管理系统的建设情况（u_{11}）

（1）指标基本内涵。知识管理系统是指能够有效存储信息和知识并
能够实现高效的知识传播、共享、应用的系统。知识管理系统的建设主要
围绕系统基础设施建设和系统建设目标、理念等方面展开，并且应该与企
业业务流程和企业文化相适应。

（2）评价方法。其评价情况如表 5.1 所示。

（3）指标说明。企业知识管理系统的完备性主要是指系统涉及相关
技术如知识发现、知识库、群件等构成技术的完备程度。

2. 企业知识网络的建设及完备程度（u_{12}）

（1）指标基本内涵。企业知识网络是指通过人们沟通形成"知识活
动"的网络。知识网络是一种虚拟网络，它的实体网络架构是人与人面
对面的沟通（直接的），或采用一般的通信器材（电话等）以及计算机网

表5.1

企业知识管理系统的建设情况（u_{11}）	评价结果
企业已经建成极其完备的对各种类型知识兼容的知识管理系统	优秀
企业已经建成基本完备的对各种类型知识兼容的知识管理系统	良好
企业正在建设完备的对各种类型知识兼容的知识管理系统	好
企业正在规划完备的对各种类型知识兼容的知识管理系统	一般
企业尚未规划和建设完备的对各种类型知识兼容的知识管理系统	差

络系统平台（信息系统）[①]。企业知识网络的建设及完备程度则是从技术手段的角度为企业知识管理的有效实施提供了保障。

（2）评价方法。其评价情况如表5.2所示。

表5.2

企业知识网络的建设及完备程度（u_{12}）	评价结果
企业已经建成极其完备的知识网络	优秀
企业已经建成比较完备的知识网络	良好
企业已经建成基本完备的知识网络	好
企业尚未建成完备的知识网络	一般
企业正在规划建设完备的知识网络	差

（3）指标说明。企业知识网络不仅包括企业内部知识网络，而且包括外部知识网络；不仅包括个人的知识网络，而且包括团体的知识网络。这些都需要在评价过程中加以考虑。

3. 组织结构的市场反应时间（u_{21}）

（1）指标基本内涵。组织结构的市场反应时间是指组织结构对市场变化的反应效率。

（2）评价方法。其评价情况如表5.3所示。

---

① 林榕航：《知识管理原理：从传统管理迈向知识管理的理论与实现》，厦门大学出版社2005年版。

表 5.3

组织结构的市场反应时间（u_{21}）	评价结果
企业组织结构的市场反应时间远低于同类企业的平均水平	优秀
企业组织结构的市场反应时间略低于同类企业的平均水平	良好
企业组织结构的市场反应时间与同类企业的平均水平持平	好
企业组织结构的市场反应时间略高于同类企业的平均水平	一般
企业组织结构的市场反应时间远高于同类企业的平均水平	差

（3）指标说明。企业组织的市场反应时间是从同类企业的平均水平的比较得到的。

4. 组织对个人和团队的知识奖惩制度（u_{22}）

（1）指标基本内涵。在知识应用过程中，来自个人和团队的知识贡献必须被记录下来并获得相应的奖励，这样做的结果是能够确保个人和团队的知识贡献始终处于一种不断地激励和促进下，从而使知识的贡献处于一种可持续的状态。而能够达到这个目标的措施就是组织对个人和团队的知识奖惩制度。

（2）评价方法。其评价情况如表 5.4 所示。

表 5.4

组织对个人和团队的知识奖惩制度（u_{22}）	评价结果
有非常完善的个人和团队的知识奖惩制度	优秀
有较完善的个人和团队的知识奖惩制度	良好
有个人和团队的知识奖惩制度	好
个人和团队的知识奖惩制度并不完善	一般
个人和团队的知识奖惩制度非常不完善	差

（3）指标说明。个人和团队的知识奖励制度是对个人知识贡献的一种保障。

5. 组织文化对知识共享和创新的支持程度（u_{23}）

（1）指标基本内涵。在知识应用过程中，知识共享和创新由于其存在的风险，所以往往需要外界提供一定的激励因素给予推动和支持。在这个过程中，组织文化，特别是知识导向型文化在其中发挥着非常重要的作用。

（2）评价方法。其评价情况如表5.5所示。

表5.5

组织文化对知识共享和创新的支持程度（u_{23}）	评价结果
已经建立起知识导向型企业文化并已经为全体组织成员所广泛接受	优秀
已经建立起知识导向型企业文化并已经为大部分组织成员所接受	良好
已经建立起知识导向型企业文化并开始为一部分组织成员所接受	好
已经建立起知识导向型企业文化并正在尝试为组织成员所接受	一般
正在规划建立起知识导向型企业文化并开始向组织成员推广	差

（3）指标说明。是否建立知识导向型的企业文化以及企业文化为组织接受程度直接影响对知识共享和创新的支持程度。

6.组织人员的知识分享意愿（u_{24}）

（1）指标基本内涵。组织人员的知识分享意愿是在知识应用过程中影响知识，特别是隐性知识有效利用的一个重要因素，它是指个人对其所拥有的知识资源是否愿意同他人共同分享的一种意愿。

（2）评价方法。其评价情况如表5.6所示。

表5.6

组织人员的知识分享意愿（u_{24}）	评价结果
积极主动地与他人分享知识	优秀
较为主动地与他人分享知识	良好
主动地与他人分享知识意愿一般	好
比较不愿意主动地与他人分享知识	一般
非常不愿意主动地与他人分享知识	差

（3）指标说明。知识分享意愿是因人而异的，并且往往是一种消极因素，因此它是一个影响企业知识有效利用的重要因素。

7. 知识扩散的技术状况（u_{31}）

（1）指标基本内涵。企业知识扩散的技术主要是指基于企业内部网的知识网络。

（2）评价方法。其评价情况如表 5.7 所示。

表 5.7

知识扩散的技术状况（u_{31}）	评价结果
在企业中已经建设了非常完善的技术和人际方面的知识网络	优秀
在企业中已经建设了比较完善的技术和人际方面的知识网络	良好
在企业中正在建设完善的技术和人际方面的知识网络	好
在企业中正在规划技术和人际方面的知识网络	一般
在企业中尚未建设技术和人际方面的知识网络	差

（3）指标说明。这里所说的企业知识网络包括信息技术网络和企业的人际网络。

8. 信息数字化和文件化程度（u_{32}）

（1）指标基本内涵。信息数字化和文件化是指企业将其所拥有的知识资源以数字化和文件化的方式进行编码化处理，来便于传播和扩散。

（2）评价方法。其评价情况如表 5.8 所示。

表 5.8

信息数字化和文件化程度（u_{32}）	评价结果
企业的知识资源数字化和文件化程度非常高	优秀
企业的知识资源数字化和文件化程度比较高	良好
企业的知识资源数字化和文件化程度一般	好
企业的知识资源数字化和文件化程度较低	一般
企业的知识资源数字化和文件化程度极低	差

（3）指标说明。企业知识资源的数字化和文件化主要是针对企业的显性知识或部分可以被编码化的隐性知识而言的，这一点在评价过程中需要加以关注。

9. 培训教育费用比率（u_{33}）

（1）指标基本内涵。企业中知识传播的一个重要手段就是通过教育培训，通过培训教育可以确保企业的专业知识和技能在企业内有效传播，衡量培训教育工作优劣的一个标准就是培训教育的费用。

（2）评价方法。其评价情况如表 5.9 所示。

表 5.9

培训教育费用比率（u_{33}）	评价结果
企业的培训培育费用占企业年度开支的 10% 以上	优秀
企业的培训培育费用占企业年度开支的 8%—10%	良好
企业的培训培育费用占企业年度开支的 5%—8%	好
企业的培训培育费用占企业年度开支的 3%—5%	一般
企业的培训培育费用占企业年度开支的 3% 以下	差

（3）指标说明。企业培训教育工作主要涉及定期和不定期的培训活动，规范的培训计划和培训内容，也可能包括电子学习手段，这些都涉及培训教育的费用。

10. 人际与团队的沟通与互动状况（u_{34}）

（1）指标基本内涵。人际与团队的沟通与互动是指在知识传播过程中相同团队成员之间、不同团队成员之间以及不同团队之间的知识交流与扩散活动。

（2）评价方法。其评价情况如表 5.10 所示。

（3）指标说明。团队的沟通不仅指正式的沟通方式，而且也包括非正式的沟通方式，这些需要在评价过程中给予考虑。

11. 组织高层对知识扩散的重视程度（u_{35}）

（1）指标基本内涵。企业管理者，特别是高层管理者对知识扩散过程所采取的积极或消极态度。

表 5.10

人际与团队的沟通与互动状况（u_{34}）	评价结果
相同团队成员之间、不同团队成员之间以及不同团队之间的存在非常广泛的知识交流与扩散活动	优秀
相同团队成员之间、不同团队成员之间以及不同团队之间的存在比较多的知识交流与扩散活动	良好
相同团队成员之间、不同团队成员之间以及不同团队之间的存在一定的知识交流与扩散活动	好
相同团队成员之间、不同团队成员之间以及不同团队之间的存在较少的知识交流与扩散活动	一般
相同团队成员之间、不同团队成员之间以及不同团队之间的几乎不存在知识交流与扩散活动	差

（2）评价方法。其评价情况如表 5.11 所示。

表 5.11

组织高层对知识扩散的重视程度（u_{35}）	评价结果
认为知识扩散是一项重要的活动，不仅表达大力支持态度并且积极参与	优秀
认为知识扩散是一项重要的活动，不仅表达支持态度并且能够参与	良好
认为知识扩散是一项重要的活动，能够表达支持态度但不能亲自参与	好
认为知识扩散只是有一定重要性的活动，没有表达明确支持态度	一般
认为知识扩散只是一项一般性的活动	差

（3）指标说明。正如托马斯·达文波特在其总结的"知识管理的十个原则"中指出，知识管理具有高度的政治性①。即高级领导者如果首先对知识管理接受并给予高度重视，将极大地促进知识管理的有效实施。因此，本指标的赋分就是出于这个出发点的。

----

① T. Davenport：《知识管理的十项原则》［EB/OL］. http：//www. cko. com. cn/web/articles/km/2/ 20020408/ 2，6，0. html。

12. 组织员工学习能力（u_{41}）

（1）指标基本内涵。组织员工的学习能力是指组织成员具有共同愿景，并作为一个有机整体，组织内部的各成员在组织所处的环境、面临的情况以及组织内部的运作、奋斗的方向等方面，通过对信息及时认知，全面把握，迅速传递，达成共识，并作出正确、快速的调整，以利组织更好地发展的能力。简言之，组织员工的学习能力是指组织的警觉变化、预估影响、作出反应、调整安排的自创未来的能力，是企业竞争力的核心要素。[①]

（2）评价方法。其评价情况如表5.12所示。

表5.12

组织员工学习能力（u_{41}）	评价结果
组织学习的效率非常高，特别注重学习成果的交流与分享	优秀
组织学习的效率比较高，能够注意学习成果的交流与分享	良好
组织学习的效率一般，有一定的学习成果的交流与分享	好
组织学习的效率低，学习成果的交流与分享比较少	一般
组织学习的效率很低，基本没有学习成果的交流与分享	差

（3）指标说明。组织员工的学习能力是一个内涵丰富的词汇，主要包括个人学习能力、团队学习能力和组织的学习能力三个层面。因此，为了能够更好地定性测量，我们需要对其基本理论和指标基本内涵的熟悉程度等内容加以评价。

13. 组织系统整合专业知识的能力（u_{42}）

（1）指标基本内涵。组织系统整合专业知识的能力是指组织借助其内部所形成的知识项目团队把组织中独立和分散的个体专业知识经过系统的整合方式，形成组织整体知识的能力。

（2）评价方法。其评价情况如表5.13所示。

（3）指标说明。作为知识管理活动，企业中的专业知识并非靠独立的

---

① 王代潮等：《企业知识管理——理论与实务》，中国大百科全书出版社2006年版。

表 5.13

组织系统整合专业知识的能力（u_{42}）	评价结果
组织中已经形成并正在采用具有一定规模和结构的知识项目团队	优秀
组织中已经初步形成具有一定规模和结构的知识项目团队	良好
组织中正在形成具有一定规模和结构的知识项目团队	好
组织中正在计划形成具有一定规模和结构的知识项目团队	一般
组织中尚未形成具有一定规模和结构的知识项目团队	差

个体表现出其应有的作用，而是应该把项目团队成员的个体的专业知识加以系统整合，形成组织的整体知识能力。

14. 组织研究开发资源投入（u_{43}）

（1）指标基本内涵。组织研究开发资源主要是指企业人员在研究开发活动中除了物质资源之外的知识资源。

（2）评价方法。其评价情况如表 5.14 所示。

表 5.14

组织研究开发资源投入（u_{43}）	评价结果
在研究开发活动中组织知识资源投入所占比例非常高	优秀
在研究开发活动中组织知识资源投入所占比例比较高	良好
在研究开发活动中组织知识资源投入所占比例一般	好
在研究开发活动中组织知识资源投入所占比例低	一般
在研究开发活动中组织知识资源投入所占比例非常低	差

（3）指标说明。这项评价指标是指研究开发经费投入中知识资源在其中所占的比例。

15. 组织激励创新机制（u_{44}）

（1）指标基本内涵。组织激励创新机制是指组织在知识生产活动中不仅需要有相关的专业知识资源作为支撑，由于知识创新的主体是人，因此，更重要的是要建立一定的激励制度来促进创新活动的实施，这些激励制度结合在一起就构成了组织的创新激励机制。

（2）评价方法。其评价情况如表 5.15 所示。

表 5.15

组织激励创新机制（u_{44}）	评价结果
组织已经建立起并开始实施了一系列创新的激励机制，特别是知识创新的激励机制	优秀
组织刚刚建立起一系列创新的激励机制，特别是知识创新的激励机制	良好
组织正在建立一系列创新的激励机制，特别是知识创新的激励机制	好
组织计划建立一系列创新的激励机制，特别是知识创新的激励机制	一般
组织虽然建立起一系列创新的激励机制，但缺乏知识创新的激励机制	差

（3）指标说明。组织激励创新机制的主体是知识创新的激励机制，主要包括知识分享、知识贡献奖励机制等一系列规章制度。

16. 组织高层对知识转化的重视程度（u_{45}）

（1）指标基本内涵。企业管理者，特别是高层管理者对知识转化过程所采取的积极或消极态度。

（2）评价方法。其评价情况如表 5.16 所示。

表 5.16

组织高层对知识转化的重视程度（u_{45}）	评价结果
认为知识转化是一项重要的活动，不仅表达大力支持态度并且积极参与	优秀
认为知识转化是一项重要的活动，不仅表达支持态度并且能够参与	良好
认为知识转化是一项重要的活动，能够表达支持态度但不能亲自参与	好
认为知识转化只是有一定重要性的活动，没有表达明确支持态度	一般
认为知识转化只是一项一般性的活动	差

（3）指标说明。提到知识资源的转化时，首先应该明确企业的知识资源除了来自企业内部之外，而且来自企业外部。其次，知识转化是指对拥有的和可支配的知识资源转化成物质产品或服务的一个过程。最后，正如一些知识管理学者曾经指出的，领导者对知识管理的关注是知识管理取得成功的重要保证。组织高层对知识转化的重视不仅是态度上的支持，而

且包括行动上的支持，即积极参与知识管理的活动之中。

17. 新产品（服务）被接受的时间（u_{51}）

（1）指标基本内涵。新产品（服务）被接受的时间是指从新产品（服务）上市到被市场上的顾客最终接受的时间。

（2）评价方法。其评价情况如表 5.17 所示。

表 5.17

新产品（服务）被接受的时间（u_{51}）	评价结果
明显低于行业平均水平	优秀
略低于行业平均水平	良好
行业平均水平	好
略高于行业平均水平	一般
明显高于行业平均水平	差

（3）指标说明。新产品（服务）被接受的时间是一个行业的平均值，企业与该平均值比较之后得到评价结果。

18. 内部作业流程的效率变化度（u_{52}）

（1）指标基本内涵。内部作业流程是指企业依据供应链的基本活动和辅助活动所构建的生产作业过程，现代企业的作业流程不仅包含物质流和资金流，而且也包含信息和知识流。因此，企业内部作业流程的效率是同时反映三种流程的效率，而该作业流程的效率变化度则是指企业在运用信息和知识流有效配置物质流和资金流过程前后的效率的变化程度。

（2）评价方法。其评价情况如表 5.18 所示。

表 5.18

内部作业流程的效率变化度（u_{52}）	评价结果
企业内部作业流程的效率提高了 50% 以上	优秀
企业内部作业流程的效率提高了 30%—50% 之间	良好
企业内部作业流程的效率提高了 15%—30% 之间	好
企业内部作业流程的效率提高了 5%—15% 之间	一般
企业内部作业流程的效率提高了 5% 以下	差

（3）指标说明。本指标虽然可以综合企业全部的作业活动去评价，但考虑实际操作的困难，往往只选择企业供应链中的基本活动作为研究对象加以评价。

19. 对市场环境变化反应的时间（u_{53}）

（1）指标基本内涵。对市场环境变化反应的时间表明企业应用知识提高企业应变能力的速度。

（2）评价方法。其评价情况如表5.19所示。

表5.19

对市场环境变化反应的时间（u_{53}）	评价结果
企业应用知识提高企业应变能力的速度远高于同类企业的平均水平	优秀
企业应用知识提高企业应变能力的速度略高于同类企业的平均水平	良好
企业应用知识提高企业应变能力的速度与同类企业的平均水平持平	好
企业应用知识提高企业应变能力的速度略低于同类企业的平均水平	一般
企业应用知识提高企业应变能力的速度远低于同类企业的平均水平	差

（3）指标说明。对市场环境变化反应的时间是指企业面对来自市场的变化，运用相关的信息和知识，最终做出决策时所耗费的时间。

20. 知识密集型产品创新的周期（u_{54}）

（1）指标基本内涵。知识密集型产品创新的周期是指知识密集型产品从研究开发到上市销售的平均周期。

（2）评价方法。其评价情况如表5.20所示。

表5.20

知识密集型产品创新的周期（u_{54}）	评价结果
明显低于行业平均水平	优秀
略低于行业平均水平	良好
行业平均水平	好
略高于行业平均水平	一般
明显高于行业平均水平	差

（3）指标说明。行业的平均水平可以通过选取行业中具有代表性的一些企业的知识密集型产品创新的周期，取其平均值而得到。

21. 组织高层对知识应用的重视程度（u_{55}）

（1）指标基本内涵。企业管理者，特别是高层管理者对知识应用过程所采取的积极或消极态度。

（2）评价方法。其评价情况如表 5.21 所示。

表 5.21

组织高层对知识应用的重视程度（u_{55}）	评价结果
认为知识应用是一项重要的活动，不仅表达大力支持态度并且积极参与	优秀
认为知识应用是一项重要的活动，不仅表达支持态度并且能够参与	良好
认为知识应用是一项重要的活动，能够表达支持态度但不能亲自参与	好
认为知识应用只是有一定重要性的活动，没有表达明确支持态度	一般
认为知识应用只是一项一般性的活动	差

（3）指标说明。同对待企业知识生产、传播一样，企业高层管理者对知识应用不仅是态度上的关注，而且应该是行动上的自觉参与。

八、企业知识管理能力评价模型的构建

根据知识审计方法的分析，企业知识管理能力的要素主要包括知识生产能力、知识传播能力、知识应用能力、知识组织环境支持能力和知识技术环境支持能力五个方面。因此，对于企业知识管理能力的评价则主要是从以上五个层面去进行。在企业知识管理能力评价体系中，目前可采用的方法有直接评估法、加权综合评估法、模糊综合评估法，等等。

由于企业知识管理能力受诸多因素影响，影响企业知识管理能力的一些因素具有不确定性或难以量化，而且有些因素的内涵和外延都不十分明确，使得企业知识管理能力具有一定的模糊性，而模糊综合评价中的权重通常由专家根据经验给出，不免带有主观性。所以，在对其进行评价时，可以采用模糊综合评价方法进行总体性、概括性的认识。另外，也由于模糊综合评价方法能在模糊环境中，考虑多种因素的影响，实现复杂的非结

构性综合决策①，因此，本书采用模糊综合评价方法，构建企业知识管理
能力评价模型。本书在对企业知识管理能力进行定量分析时，提出利用层
次分析法（AHP）综合专家的判断，建立权重集，然后利用模糊综合评
价的方法对企业知识管理能力进行评价，从而较好地将两种方法的优点结
合起来，共同发挥作用。

（一）层次分析法原理

AHP 是由萨特提出现今运用最广的方法之一，它能以系统的方式组
织定性和定量的因素，以结构化但又相对简单的思路来解决决策问题，因
此本书采用层次分析法来确定权重。在本书中，AHP 通过分析复杂系统
所包含的因素及其相关关系，将系统分解为不同的要素，并将这些要素划
分为不同层次，从而客观上形成多层次的分析结构模型。将每一层次的各
要素进行两两比较判断，按照一定的标度理论，建立判断矩阵。通过计算
得到各因素的相对重要度，从而建立权重向量。主要步骤如下：

（1）根据标度理论（见表 5.22），构造判断矩阵 $A = (a_{ij})_{n \times n}$。

（2）将矩阵按列归一化（即使列和为 1）：$b_{ij} = \dfrac{a_{ij}}{\sum a_{ij}}(i,j = 1,2,\cdots,n)$。

表 5.22　　　　　　　　　　标度法

相对重要度	定义	说明
1	重要程度没有差别	因素 i 和 j 同等程度重要
3	重要程度略高一些	因素 i 比 j 略微重要一些
5	重要程度比较适中	因素 i 比 j 重要程度适中
7	重要程度比较明显	因素 i 比 j 重要程度明显
9	重要程度非常突出	因素 i 比 j 非常重要

2、4、6、8 介于两个相邻重要程度之间

① 杜栋、庞庆华：《现代综合评价方法与案例精选》，清华大学出版社 2005 年版。

（3）归一化：$w_i = \dfrac{v_i}{\sum v_i}(i,j = 1,2,\cdots,n)$，即为特征向量的近似值。

（4）进行一致性检验。如果一致性检验通过，则即为所求的特征向量，即本层次各要素对上一层某要素的相对权重向量。

偏差一致性指标：$C.I. = \dfrac{\lambda_{max} - n}{n - 1}$，其中，$\lambda_{max} = \dfrac{1}{n}\sum\limits_{i}\left[\dfrac{AW_i}{w_i}\right]$。

表 5. 23 平均随机一致性指标

阶数 n	1	2	3	4	5	6	7	8	9	10
$R.I.$	0. 00	0. 00	0. 58	0. 90	1. 12	1. 24	1. 32	1. 41	1. 45	1. 49

随机性一致性比值：$C.R. = \dfrac{C.I.}{R.I.}$，其中，$R.I.$ 为平均一致性指标，如表 5. 23 所示。

当 $C.R. < 0.1$ 时，判断矩阵一致性是可以接受的。

（二）模糊综合评价原理

1. 评估方法的理论依据

模糊综合评估就是应用模糊变量原理和最大隶属度原理原则。应用模糊变量原则是因为知识管理能力指标中存在大量的可变模糊数据，应用最大隶属度是因为知识管理能力的第二层数据在隶属于第一层时是不十分确定的，很多都存在交叉，隶属关系很复杂。因此，考虑与被评估事物相关的各个因素，对其所做的综合评估，在评估事物时，可将评估结果分成一定的等级。

2. 模糊综合评价主要步骤

（1）建立指标集 $U = \{u_1, u_2, \cdots, u_n\}$，即评价指标体系。

（2）建立评价集 $V = \{v_1, v_2, \cdots, v_n\}$，即参与评价的方案集。

（3）确定权重集 $A = \{a_1, a_2, \cdots, a_n\}$，即不同指标的相对重要性。

（4）建立模糊隶属度矩阵，即对各因素评价的隶属度向量的组合。

$$R = \begin{Bmatrix} r_{11} & r_{12} & \cdots & r_{1j} & \cdots & r_{1m} \\ r_{21} & r_{22} & \cdots & r_{2j} & \cdots & r_{2m} \\ \vdots & \vdots & & \vdots & & \vdots \\ r_{i1} & r_{i2} & \cdots & r_{ij} & \cdots & r_{im} \\ \vdots & \vdots & & \vdots & & \vdots \\ r_{n1} & r_{n2} & \cdots & r_{nj} & \cdots & r_{nm} \end{Bmatrix}$$

（5）模糊综合评价，采用 $M(\cdot,+)$ 模型进行合成运算。

（三）基于 AHP 的企业知识管理能力模糊综合评价

1. 建立指标体系

根据层次分析法理论，建立企业知识管理能力的指标体系，$U = \{u_1, u_2, \cdots, u_5\} = \{$知识的生产能力，知识的传播能力，知识的应用能力，知识组织环境支持能力，知识技术环境支持能力$\}$。

2. 建立评价集

本书将企业知识管理能力的等级划分为优秀、良好、好、一般、差五个级别，以达到评价的目的。即：$V = \{v_1, v_2, v_3, v_4, v_5\} = \{$优秀，良好，好，一般，差$\}$。

3. 确定指标权重（求和法）

经有关专家讨论，得到各级的判断矩阵，计算得相对权重，如表 5.24 所示。

表 5.24   知识管理能力的二级指标的判断矩阵

U	u_{11}	u_{12}	$v_i = \sum_{j}^{i} b_{ij}(i,j = 1,2,\cdots,n)$	$w_i = \dfrac{v_i}{\sum v_i}(i,j = 1,2,\cdots,n)$
U_{11}				
U_{12}				
Σ				

同理，得到知识管理能力的一级指标的相对权重，根据一致性判断，可知 $C.R. < 0.1$，符合要求。

4. 评估方法数学公式

评估方法数学公式为：

$$S = 100 \times \sum_{I=1}^{5} q_i \times w_i \tag{5.1}$$

其中：S 表示企业知识管理能力评价值；q_i 表示第一级综合指标评判值；w_i 表示相应等级的权分数。

5. 这些等级构成评语集合

设为 $V = (v_1, v_2, \cdots, v_n)$，另外，设目标集合为 $U = \{u_1, u_2, \cdots, u_m\}$。

首先，对 U 中元素 $u_i (i = 1, 2, \cdots, m)$ 做单因素评估，从 u_i 着眼确定该事物对等级 $v_j (j = 1, 2, \cdots, n)$ 的隶属度（可能性程度）r_{ij}，这样可得 u_i 的单因素评估集 $r_i = \{r_{i1}, r_{i2}, \cdots, r_{in}\}$，它是 V 上的模糊子集 $(i = 1, 2, \cdots, m)$。U 中 m 个元素的评估集就构造出一个总的评估矩阵 R，R 是 U 到 V 上的一个模糊关系。

$$R = \begin{pmatrix} r_{11} & r_{12} & \cdots & r_{1n} \\ r_{21} & r_{22} & \cdots & r_{2n} \\ \vdots & \vdots & \cdots & \vdots \\ r_{m1} & r_{m2} & \cdots & r_{mn} \end{pmatrix} \tag{5.2}$$

U 上各元素在评估过程中的影响程度大小的界定实际上是一个模糊择优问题，评估的着眼点可看成是 U 上的模糊子集，记为：$A = (a_1, a_2, \cdots, a_m)$，其中 $a_i (i = 1, 2, \cdots, m)$ 为 u_i 关于模糊子集 A 的隶属度。a_i 根据实际问题可以是一种调整系数或限制系数，也可以是普通权系数，A 称为 U 的因素重要程度模糊子集，a_i 称为因素 u_i 的重要程度系数，简称为权系数。这样，可以通过对 A 和 R 做模糊变换来进行模糊综合评估。

6. 评价步骤

$$B = A \cdot R = (b_1, b_2, \cdots, b_n) \tag{5.3}$$

其中，

$$b_j = \sum_{i=1}^{m} a_i r_{ij} \qquad (j = 1, 2, \cdots, n) \tag{5.4}$$

对企业知识管理能力进行评价时，很难简单地以达到哪一级评语来判断，而是在这两者之间存在一种中介状态，具有模糊的关系。

（1）确立评价因素集。根据企业知识管理能力指标体系的内容，建立评估因素表。其中，

一级评判因素集为

$$u_i = (u_1, u_2, u_3, u_4, u_5) \tag{5.5}$$

二级评判因素集为

$$u_{ij} = \{u_{11}, u_{12}, \cdots, u_{ij}\} \quad (i, j = 1, 2, \cdots, n) \tag{5.6}$$

（2）确定评语集。企业知识管理能力评语采用国际惯例：AAA（优秀）、AA（良好）、A（好）、B（一般）、C（差）五个等级，即评语集：$V = \{AAA, AA, A, B, C\}$，如表5.25所示。

表5.25　　　　　　　　评估结果与评语等级对应表

等级评语	AAA	AA	A	B	C
综合评价值	[90, 100]	[80, 90]	[70, 80]	[60, 70]	[0, 60]

AAA：能力最强，知识管理项目实施的成功率最高，配套管理非常规范。

AA：能力较强，知识管理项目实施的成功率较高，配套管理较规范。

A：能力强，知识管理项目实施的成功率高，配套管理相对规范。

B：知识管理项目实施的成功率及管理水平均一般。

C：能力差，知识管理项目实施的成功率低且管理水平差。

第三节　本章小结

本章在前面研究工作的基础上，提出了企业知识管理能力评价的问题，并引入了目前企业知识管理评价中较普遍采用的分析工具——知识审计的研究方法。在对国内外学者在知识管理能力领域的研究工作作出细致的分析之后，本书提出了基于知识活动系统来重新界定企业知识管理能力构成要素的观点，认为企业知识管理能力主要由五个部分构成，即以知识的生产能力、传播能力和应用能力为核心，并辅之以知识的组织环境和技术环境支持能力为依托。这样的企业知识管理能力的构成主要反映出三个方面的特点：首先，应该体现企业知识价值链的内容，即企业的知识管理能力是通过知识价值链的各个环节所具体展现出来。其次，企业知识管理能力不是一个片断的体现，而是作为一个能力整体来加以表达，因此放在知识活动系统当中加以整合更为合理，同时也可以表现出知识管理能力的动态性特点。最后，知识管理能力通过系统方式表达的过程离不开环境因素的支持与参与。

在上述企业知识管理能力构成的方针指导下，本书所设计的企业知识管理能力的评价指标体系的框架则主要包括上述知识的生产能力、传播能力、应用能力、组织环境支持能力和技术环境支持能力五个方面。考虑到知识管理能力构成的层次性特征和一些指标的不易定量评价的状况，本书在对企业知识管理能力进行评价过程中，主要借助层次分析方法（AHP）和模糊综合评价方法来开展评价工作，以期获得对企业知识管理能力的较为客观、科学和合理的评价结果。

第六章 案例分析：H 公司的知识管理能力

为了进一步验证基于知识审计的企业知识管理能力评价方法和指标体系的客观性、科学性和合理性，本书在研究过程中特别选取了知识管理工作开展得较为突出的 H 公司作为分析和研究对象，进行了企业知识管理能力评价的实践验证工作。

第一节 H 公司的知识管理状况[①]

一、H 公司简介

H 公司是信息领域的领导企业之一，是计算和成像解决方案及服务的全球领先提供商。H 公司创建于 1939 年，总部设在 A 国 C 州。1995 年的总收入即超过 310 亿美元，且年平均收益增长率一直保持在 30% 左右；1998 年销售额为 470 亿美元，利润达 29.45 亿美元，在全球 500 家最大的工业企业公司中排名第 41 位。该公司的业务范围很广，从电脑及其外部设备、测量和测试仪器，到电子部件和医疗器具皆有，目前拥有 11 万余名雇员，并在全世界设立了 400 多家分支机构。H 公司不仅以其卓越的经营业绩跨入全球百家大公司行列，更以其对知识的有效管理和合理利用闻名于世。其知识管理的特点，就是全方位地运用知识管理的理论与方法，

① 汪克强等：《营运知识的智慧：百家中外企业知识管理的实践与探索》，中国科学技术大学出版社 2003 年版。

充分开发与利用公司的知识资源。

　　H 公司以其轻松、开放的公司文化闻名于世，所有雇员包括首席执行官都在开放的办公室里工作，许多雇员都是技术型工程师，愿意学习并共享知识；许多分公司和部门也都为了更好地管理知识付出具体的努力，这种努力像雨后春笋般地涌现。但公司信息总监兼副总裁 B. 沃克（Walker）和信息系统服务与技术经理 C. 西洛夫（Sieloff）都认为，公司各个经营部门并未全部开始贯彻知识管理，且严重不平衡。因此，公司上下都认为，作为一个自创建以来始终面向知识的公司，必须通过采取一系列措施来加强公司的知识管理，把知识管理概念提升到更高的层次。

　　二、H 公司的知识管理实施策略

　　（一）建立知识库

　　知识库（Knowledge Base）是一种基于编码条件下建立的知识管理工具，它将组织中已经编码的知识放在一个知识库里，进行知识共享或者让需要知识的人加以利用，这种知识库是与知识地图（Knowledge Map）相对而言的。知识可以分为可清晰表达的知识与不可言传的知识；可清晰表达的知识即显性知识（Explicit Knowledge）是指可以通过编码而转化为文件的一种知识；而不可言传的知识即隐性知识（Tacit Knowledge）是不易进行编码的，特别是一些个人工作的技巧与经验，往往只有通过手把手地教才能将它传授给别人，但这种知识是不能够用知识库加以管理的，而应该使用知识地图来进行管理。所谓知识地图，就是提供一种人员与专家查找的系统，寻找专家就像通过查阅地图寻找一些地点一样，通过知识地图，人们可以很快地找到自己所需要的专家，然后与之联系，以获取相应的知识。除了建立知识库，公司还决定通过建立一系列知识管理论坛来尝试在公司开展知识管理。论坛的主要目标是通过非正式网络实现知识共享并建立知识管理的共同语言和管理框架。

　　知识管理活动不可避免会涉及 H 公司的教育工作者。公司教育机构基础设施组开始探索公司内部教育工作者共享知识的方法，他们利用 Lotus Notes（一个知识管理软件）建立了 3 个不同的知识库供教育工作者使用：（1）培训师讨论库，这是一个有关培训的讨论数据库；（2）培训图书馆，主要收藏培训文献；（3）培训评论库，收藏用户或学员对培训资源的评价。

在实际运行过程中，培训师讨论库渐渐成为3个知识库教育工作者使用的主要媒介。为鼓励员工向知识库贡献知识，该小组采取了富有创新性的改革措施，向潜在用户免费提供 Notes 使用许可；并且每当一个新的知识库建成，都会采取相应的激励措施。到1996年年初，至少2/3的公司教育人员浏览过至少1个讨论库，1/3的人员提交了材料或发表了评论，且"参与人数仍在不断攀升"。该小组不断通过电子信件和有声邮件（Voice - mail）等方式加强管理，但仍感到有必要继续收集各种最新知识，需要有新的"传道者（Evangelist）"加入进来，工作才能长久坚持下去。

（二）开发专家网络

H公司的研究开发部门——H公司实验室所属的图书馆发起了另一个知识管理项目——专家网络（即一种知识地图）。该项目的目标是对所有实验室内部知识资源建立一个指南，然后逐渐扩展到其他部门。H公司专家名录，公司称其为 Connex，由一位信息技术工程师托尼·卡罗佐（Tony Carrozza）负责开发，它利用一个网络浏览器作为相关数据库的界面，数据库的内容是一系列专家简介，以及特定专家背景和专长的指南。通过浏览器或检索 Connex 可以获得很多重要的知识信息，如可以很容易查到H公司内某一个拥有工学硕士或博士学位，能说德语又懂 ISDN 技术的专家。一旦找到这个拥有个人主页的专家，检索者能够迅速与该专家的个人主页建立链接。卡罗佐打算依靠专家，让他们自己制作原始的知识简介。他认为这是一项富有挑战性的工作，并推想可以通过相应的激励措施促使这些专家制作、提交并保留简介。

（三）建立"H公司网络新闻"系统——为交易商提供知识服务

随着技术的不断发展，应用层次必须更加透明，更加人性化，信息获取的速度与及时反馈对于用户来说越来越重要。H公司一贯致力于帮助用户提高技术投资的回报率。对于企业用户，这意味着帮助他们提高现有信息系统标准化并优化管理，同时为网络服务、公共计算等新应用铺平道路。在这方面，H公司利用知识库成功地进行交易商的顾客服务，大大提高了工作的效率和顾客的满意度，特别是在提高交易商的满意度方面取得了巨大的成功。

H公司的工作人员在电脑产品组织（CPO）交易商获取并利用公司产

品知识中，把经常要答复的问题收入一个电话数据库（Dialup Database）里，交易商的求助电话因此而逐渐减少。这个系统被称为"H公司网络新闻"，它被转到 Lotus Notes 上，并在减少电话数量方面取得了非凡的成功。系统成功的一个重要原因是开发者密切关注交易商碰到的实际问题，而不是他们自己对具体知识的看法。另一个重要因素是开发者不断努力增加知识的价值。例如，清单一直由最常提到的问题、最常碰到的问题和最流行的产品构成，这些清单公之于众，并鼓励交易商从 Lotus Notes 数据库中下载信息，价值不大的信息则会被删除。十多年来，H公司网络新闻运行良好，已成为H公司获得交易商高支持率的一个重要因素。

　　H公司在这里作用的是一种可以叫做 CTI 的技术，即将电脑系统与电话系统加以整合为一个服务系统，将电脑中有关的服务知识与数据，通过电话的途径提供给需要服务的交易商，从而提高了交易商的满意度。CTI技术目前随着语音识别技术的日益发展，将在企业管理特别是对外服务方面提供越来越大的技术支持。

　　（四）促进知识共享

　　H公司在知识共享方面所做的工作是建立一种适宜于知识共享的管理模式——分权模式，同时在部门之间实现知识与信息共享，特别是将采购、研究开发、市场情报、客户服务等公司各个方面与部门的信息共享，这样可以为所有部门服务。产品开发部过去对市场部的信息不了解，这可能导致所开发的产品与市场需求相脱离，而市场部若对产品开发部、采购部以及生产部的情况与信息不了解，则在做市场销售与市场营销时也是很困难的。

　　在有效实施知识管理的公司里，有一种分权的倾向，这样可以调动人员的积极性、主动性与创造性。H公司实施着高度分权化的管理。作为一个高度分权的电脑和电子公司，H公司内没有"知识沙皇"，没有自上而下的对知识进行管理的指令，但各个分公司和部门都对知识管理极为重视，并做出积极的努力，许多管理人员都在尝试获得和分配在业务单位或部门内存在的知识。

　　H公司重视知识的获取与整理和储存工作。H公司实验室不断开发能够更便捷地获得内部和外部知识的方法。信息系统部把基于文件的有关程序、人员、信息、知识输入网页。电脑系统销售部将大量电脑销售的有关知识编入一个以万维网为基础的、在世界各地的人们都能使用的系统，该系统包括产品信息、竞争情报、详尽报告以及能迅速交货的商品介绍。

H公司知识共享的优点可以在产品程序部得到很好的证明。H公司对知识最认真和最深入的管理范例是产品程序部。该部主任凯（B. Kay）认为，信息和知识的管理是产品信息部的核心职能，主要职责是在实际运作中为公司的各产品分支部门提供诸如采购、设计、市场情报、改变管理以及环境和安全咨询等方面的服务。该部为知识传递采取了许多方式，如编制会议的文件、录像带和录音带的目录等，就改变管理的主题进行一系列会议和讨论。1995年，该部组建了一个知识管理小组，开发出一种称为"知识链"的以网页为基础的知识管理系统。系统的主要内容是有关产品产生过程的知识，包括销售、开发、设计和制造。进入"知识链"的知识来自知识管理小组之外，但小组成员通过对知识的鉴定、编选和组合增添价值，并使知识变得容易获得和使用。

（五）基于流程的知识管理

H公司建立了产品流程组（PPO），负责公司生产经营的各流程中知识的收集、获取与共享，以达到提高公司流程效率的目的。

H公司产品流程组是公司承担促进产品开发与推广职责的一个部门，其职能包括公司质量、采购、产品营销、安全、环境与组织变革等。产品生产信息系统（PGIS）小组是PPO的一个内部业务单位，信息管理被认为是PPO的核心能力。作为这个能力的一部分，PPO要求PGIS开始一项知识管理试验项目——流程知识管理。PPO知识管理小组为此开发了知识链接，它是一个基于网络、对来自各项PPO业务工作知识的汇集。与知识管理组的原则一致，知识链接包含了知识记者和编辑通过采访专家获取的知识。该系统的原型多次来向PPO"客户"展示知识管理的概念。

PPO知识管理小组目前正在进行3个项目，第一个项目旨在为PPO各部门提供竞争信息，第二个项目旨在建立一个基于网络与原始和二次研究信息交流的网关，第三个项目旨在管理国际营销情报。每个项目都由PGIS和其他PPO小组如"产品营销与变化管理"小组合作开发，其宗旨不是由PGIS来管理知识，而是运用信息技术促进知识的组合与传播。

（六）发展知识管理系统的经验

信息技术应用和内部网在H公司的知识管理中起到了非常积极的促

进作用。1996 年，时任 H 公司实验室欧洲网络项目经理的保罗·赫尔姆
（Paul Helm）在 Aslib 的主题为 "Evaluating the Intranet as Part of Your
Knowledge Strategy" 的大会上提交的文章中指出，20 世纪 90 年代中期，
H 公司的信息技术系统都处在称为 "Common Operating Environment"
（COE）的受控环境中。COE 提供相同的应用程序组件和服务，主要落实
在 E - mail/message、文件传播（File Transfer）和信息分配（Information
Distribution）、WWW 三个领域。这些应用程序与内部网技术集成在一起，
将 H 公司的各个部门有机地结合在一起，在扩展内部网应用的同时，形
成和发展了知识管理系统。其经验可以概括如下：（1）检索（Search-
ing）。有了数量可观的信息，提供一种简单有效的检索方法就显得至关重
要，尽可能减少检索非结构化环境的时间、精力和成本。（2）评价
（Measure）。运用评估技术确定知识库和专家网络的"瓶颈"和热点，在
它变得突出之前处理好。（3）内容（Content）。在内部网上建立一种"正
式"和"非正式"发表的方法。（4）综合（Integrate）。整体大于部分之
和，无缝地综合已有的和新的应用程序就会产生显著的效益。（5）知识
管理（Manage Knowledge）。调查具体的知识管理过程，考察知识在哪里
被创造、它如何传递、何处需要它，等等。

　　H 公司亚太区总裁认为，H 公司已经进入知识管理阶段。H 公司的知
识管理分为三个层次：第一个层次是建立培训组织，这是一个基本的层次，
主要是为员工提升知识；第二个层次是建立学习型组织，员工在一个学习
型团队里工作；第三个层次是教导型组织，组织里有一些知识大师，能够
提供非常有价值的知识。H 公司任命了首席知识官（CKO），并从员工中挑
出了 33 名具备经验的知识员工，成为给员工讲课的讲师。一家公司最大的
敌人是自己，一家成功的公司很容易自我满足，面对新的经济模式和日益
多样化、个性化的客户需求，H 公司必然要走上不断创新的旅程。

第二节　H 公司知识管理能力的定性评价

一、H 公司知识管理能力的特点

　　从实践情况来看，尽管 H 公司并未明确提出基于知识环境的知识管

理策略，但是该公司在知识管理实践中的一些表现，充分体现出了知识环境因素在知识管理实施中的重要作用，概括来看，其知识管理实施过程主要具有以下几个方面的特点：

（一）注重知识管理技术在知识管理中的广泛应用

H公司在其知识管理实践过程中，广泛应用了知识库、网络技术和知识管理系统等多种知识管理技术。这些技术从作用和价值角度不仅对知识的获取与整理、储存、交流与共享等不同阶段作了诠释，而且对来自企业内部专家和外部顾客的显性知识与隐性知识的管理提出了技术解决方案。

（二）注重文化在知识管理实践中的作用

在其知识管理实践中，H公司始终倡导一种轻松、开放的公司文化，同时，其领导者也表现出对知识管理的高度重视，从而营造了全员参与、齐心协力的共同致力于知识管理的文化氛围。

（三）注重流程的再造与知识管理的适应

H公司在其知识管理实践过程中，注意业务流程特别是生产经营各流程中知识的收集、获取与共享，以达到其改善流程效率的目的。为实现这个目的，H公司开发了其企业内部的知识链，规划了企业知识流程。

（四）注重组织和人员在知识管理中的作用和价值

在知识管理实践中，H公司通过成立产品流程组等和依靠公司中的实验室、图书馆等机构为依托，由专人负责知识管理项目的工作，充分发挥组织结构和人员的优势、主动性、积极性和创造性，促进知识管理项目的进展与成功。

二、关于H公司知识管理能力的定性综合评价

从总体上可以说，H公司的知识管理特点恰好与本书探讨的知识活动系统和知识环境因素的思想与观点存在某些契合之处。无论是其从技术角度出发探索知识管理的解决方案，还是从知识流程规划方面入手开展知识管理项目建设工作，抑或是注重探讨组织因素和人员因素对知识管理产生的影响，都与本书强调的知识管理过程中的环境因素的作用，知识管理应该从知识的环境因素即知识的技术因素和组织因素入手去探索知识管理实现途径，特别是依托环境因素，构建知识流程的思路不谋而合。

因此，从定性分析的角度来看，H公司知识管理的实践可以对照企业知识管理能力等级评语的A级，即知识管理能力高，配套管理较规范，知识管理项目实施的成功率较高，在一定程度上为本书所提出的观点提供了现实的佐证。

第三节　基于知识审计的 H 公司知识管理能力的定量评价

一、H 公司知识管理能力调查的设计与实施

本书在对 H 公司知识管理状况做出基本评价的基础上，又以该公司在中国的总部和一些分支机构作为研究对象开展知识管理能力的调查与评价。从 H 公司内部选择了一些高级管理人员、技术管理人员、人力资源部门管理人员等为对象，通过问卷调查与访谈，确定知识管理能力影响因素的权重，调研问卷发放 135 份，收回 120 份，全部为有效问卷，回收率为 89%。

二、H 公司知识管理能力评价的过程

（一）各级指标权重的确定

在对相关专家调查的基础上，结合 H 公司的具体情况作为评价背景，采用德尔菲法和层次分析法确定评价指标与标准（见表 6.1 至表 6.7），经过统计，得到评价指标的权重值如下：

经检验，$C.R.$ < 0.1，符合一致性要求（见表 6.7），所得权重值有效。

表 6.1　　　　　　　　　　　　一级指标的判断矩阵

U	U_1	U_2	U_3	U_4	U_5	w_i
U_1	1	1/3	1/5	1/7	1/7	0.0400
U_2	3	1	1/3	1/5	1/5	0.0788
U_3	5	3	1	1/3	1/3	0.1616
U_4	7	5	3	1	1	0.3598
U_5	7	5	3	1	1	0.3598
Σ	23	14.333	7.533	2.676	2.676	1.000

表 6.2　　　　　知识技术环境支持能力的二级指标的判断矩阵

U	U_{11}	U_{12}	w_i
U_{11}	1	1	0.5000
U_{12}	1	1	0.5000
$\sum$	2	2	1.000

表 6.3　　　　　知识组织环境支持能力的二级指标的判断矩阵

U	U_{21}	U_{22}	U_{23}	U_{24}	w_i
U_{21}	1	1/3	1/3	1/5	0.0789
U_{22}	3	1	1	1/3	0.2009
U_{23}	3	1	1	1/3	0.2009
U_{24}	5	3	3	1	0.5193
$\sum$	12	5.333	5.333	1.867	1.000

表 6.4　　　　　知识传播能力的二级指标的判断矩阵

U	U_{31}	U_{32}	U_{33}	U_{34}	U_{35}	w_i
U_{31}	1	1/3	1/3	1/5	1/5	0.0557
U_{32}	3	1	1	1/3	1/3	0.1298
U_{33}	3	1	1	1/3	1/3	0.1298
U_{34}	5	3	3	1	1	0.3423
U_{35}	5	3	3	1	1	0.3423
$\sum$	17	14.333	7.667	4.733	2.067	1.000

表 6.5　　　　　知识生产能力的二级指标的判断矩阵

U	U_{41}	U_{42}	U_{43}	U_{44}	U_{45}	w_i
U_{41}	1	1/3	1/3	1/5	1/5	0.0557
U_{42}	3	1	1	1/3	1/3	0.1298
U_{43}	3	1	1	1/3	1/3	0.1298
U_{44}	5	3	3	1	1	0.3423
U_{45}	5	3	3	1	1	0.3423
$\sum$	17	8.333	8.333	2.867	2.867	1.000

表 6.6   知识的应用能力的二级指标的判断矩阵

U	U_{51}	U_{52}	U_{53}	U_{54}	U_{55}	w_i
U_{51}	1	1/3	1/3	1/5	1/7	0.0469
U_{52}	3	1	1	1/3	1/5	0.1053
U_{53}	3	1	1	1/3	1/5	0.1053
U_{54}	5	3	3	1	1/3	0.2454
U_{55}	7	5	5	3	1	0.4971
$\sum$	19	10.333	10.333	4.867	1.876	1.000

表 6.7   一致性检验

表 6.1	$C.I. = 0.0347, C.R. = 0.0310$
表 6.2	$C.I. = 0.0000, C.R. = 0.0000$
表 6.3	$C.I. = 0.0145, C.R. = 0.0161$
表 6.4	$C.I. = 0.0138, C.R. = 0.0123$
表 6.5	$C.I. = 0.0138, C.R. = 0.0123$
表 6.6	$C.I. = 0.0318, C.R. = 0.0284$

$C.R. < 0.1$,一致性检验通过

（二）H 公司知识管理能力的模糊综合评价

根据对 H 公司知识管理能力指标层的具体指标层中各指标赋分情况,利用模糊综合评估方法,来定量考察该公司知识管理实施的能力。

首先,根据公式（6.1）和式（6.2）,得二级指标 Y_i 的评价集 B_i 为:

$$u_i = W_i \times R_i = (w_1 \quad w_2 \quad \cdots \quad w_m) \times \begin{pmatrix} r_{11} & r_{12} & \cdots & r_{1n} \\ r_{21} & r_{22} & \cdots & r_{2n} \\ \vdots & \vdots & \cdots & \vdots \\ r_{m1} & r_{m2} & \cdots & r_{mn} \end{pmatrix}$$

$$= u_1, u_2, \cdots, u_n \tag{6.1}$$

其中,$i = 1, 2, \cdots, 16$。

由此,可以依次求得各二级指标的评价集如下:

$$u_1 = (0.5000 \quad 0.5000) \times \begin{pmatrix} 0.1667 & 0.7500 & 0.0833 & 0.0000 & 0.0000 \\ 0.1250 & 0.6667 & 0.2083 & 0.0000 & 0.0000 \end{pmatrix}$$

$$= (0.1458 \quad 0.7084 \quad 0.1458 \quad 0.0000 \quad 0.0000)$$

$$u_2 = \begin{pmatrix} 0.0789 & 0.2009 \\ 0.2009 & 0.5193 \end{pmatrix} \times \begin{pmatrix} 0.1250 & 0.6250 & 0.1250 & 0.0833 & 0.0417 \\ 0.0417 & 0.6500 & 0.1417 & 0.0833 & 0.0833 \\ 0.1250 & 0.7500 & 0.0833 & 0.0417 & 0.0000 \\ 0.0500 & 0.6667 & 0.1667 & 0.0833 & 0.0333 \end{pmatrix}$$

$$= (0.0693 \quad 0.6761 \quad 0.1417 \quad 0.0750 \quad 0.0373)$$

$$u_3 = \begin{pmatrix} 0.0557 & 0.1298 & 0.1298 \\ 0.3423 & 0.3423 \end{pmatrix} \times \begin{pmatrix} 0.0417 & 0.6667 & 0.1667 & 0.0833 & 0.0417 \\ 0.0417 & 0.7083 & 0.1250 & 0.0833 & 0.0417 \\ 0.0833 & 0.7500 & 0.1250 & 0.0417 & 0.0000 \\ 0.0417 & 0.7083 & 0.1250 & 0.1250 & 0.0000 \\ 0.0833 & 0.7083 & 0.1667 & 0.0417 & 0.0000 \end{pmatrix}$$

$$= (0.0613 \quad 0.7114 \quad 0.1415 \quad 0.0780 \quad 0.0077)$$

$$u_5 = \begin{pmatrix} 0.0469 & 0.1053 & 0.1053 \\ 0.2454 & 0.4971 \end{pmatrix} \times \begin{pmatrix} 0.0500 & 0.7500 & 0.1000 & 0.1000 & 0.0000 \\ 0.1500 & 0.7500 & 0.1000 & 0.0000 & 0.0000 \\ 0.0500 & 0.8000 & 0.1000 & 0.0500 & 0.0000 \\ 0.0250 & 0.7500 & 0.1500 & 0.0750 & 0.0000 \\ 0.0333 & 0.7333 & 0.1667 & 0.0667 & 0.0000 \end{pmatrix}$$

$$= (0.0461 \quad 0.7470 \quad 0.1455 \quad 0.0616 \quad 0.0000)$$

用同样的方法，可以求得知识管理能力一级指标的评价集如下：

$$U = \begin{pmatrix} 0.0400 & 0.0788 \\ 0.1616 & 0.3598 & 0.3598 \end{pmatrix} \times \begin{pmatrix} 0.1458 & 0.7084 & 0.1458 & 0.0000 & 0.0000 \\ 0.0693 & 0.6761 & 0.1417 & 0.0750 & 0.0373 \\ 0.0613 & 0.7114 & 0.1415 & 0.0780 & 0.0077 \\ 0.0721 & 0.7593 & 0.1059 & 0.0627 & 0.0000 \\ 0.0461 & 0.7470 & 0.1455 & 0.0616 & 0.0000 \end{pmatrix}$$

$$= (0.0637 \quad 0.7386 \quad 0.1304 \quad 0.2663 \quad 0.0042)$$

根据表 6.1 由最大隶属度原则来考察 H 公司的知识管理能力各一级指标评价集，可以发现各指标的最大隶属度均超过 0.500，因此该企业知识管理能力的评价等级应该介于好与较好之间。可得出 H 公司实施知识管理能力的最后得分为 72.62，评价等级为 A 级（见表 6.9）。

（三）评价结果分析

从总体上来看，该评价结果基本反映出 H 公司在知识管理实施方面取

表 6.8　基于知识审计的企业知识管理能力评价指标体系

一级指标 u_i	二级指标 u_{ij}	评价值 r_{ij}				
		优秀	良好	较好	一般	差
知识技术环境支持能力 u_1（0.0400）	知识管理系统的建设情况 u_{11}（0.5000）	0.1667	0.7916	0.0417	0	0
	企业知识网络的建设及完备程度 u_{12}（0.5000）	0.1250	0.6667	0.2083	0	0
知识组织环境支持能力 u_2（0.0788）	组织结构的市场反应时间 u_{21}（0.0789）	0.1250	0.6250	0.1250	0.0833	0.0417
	组织对个人和团队的知识奖惩制度 u_{22}（0.2009）	0.0417	0.6500	0.1417	0.0833	0.0833
	组织文化对知识共享和创新的支持程度 u_{23}（0.2009）	0.1250	0.7500	0.0833	0.0417	0
	组织人员的知识分享意愿 u_{24}（0.5193）	0.0500	0.6667	0.1667	0.0833	0.0333
知识的传播能力 u_3（0.1616）	知识扩散的技术状况 u_{31}（0.0557）	0.0417	0.6667	0.1667	0.0833	0.0417
	信息数字化和文件化程度 u_{32}（0.1298）	0.0417	0.7083	0.1250	0.0833	0.0417
	培训教育费用比率 u_{33}（0.1298）	0.0833	0.7500	0.1250	0.0417	0
	人际与团队的沟通与互动状况 u_{34}（0.3423）	0.0417	0.7083	0.1250	0.1250	0
	组织高层对知识扩散的重视程度 u_{35}（0.3423）	0.0833	0.7083	0.1667	0.0417	0
知识的生产能力 u_4（0.3598）	组织员工学习能力 u_{41}（0.0557）	0.1000	0.8000	0.0500	0.0500	0
	组织系统整合专业知识的能力 u_{42}（0.1298）	0.0500	0.7500	0.1667	0.0333	0
	组织研究开发资源投入 u_{43}（0.1298）	0.0667	0.8000	0.1000	0.0333	0
	组织激励创新机制 u_{44}（0.3423）	0.0500	0.7000	0.1500	0.1000	0
	组织高层对知识转化的重视程度 u_{45}（0.3423）	0.1000	0.8000	0.0500	0.0500	0
知识的应用能力 u_5（0.3598）	新产品（服务）被接受时间 u_{51}（0.0469）	0.0500	0.7500	0.1000	0.1000	0
	内部作业流程的效率变化度 u_{52}（0.1053）	0.1500	0.7500	0.1000	0	0
	对市场环境变化反应的时间 u_{53}（0.1053）	0.0500	0.8000	0.1000	0.0500	0
	知识密集型产品创新的周期 u_{54}（0.2454）	0.0250	0.7500	0.1500	0.0750	0
	组织高层对知识应用的重视程度 u_{55}（0.4971）	0.0333	0.7333	0.1667	0.0667	0

（左侧纵向总栏：企业知识管理能力 U）

表6.9　　H公司知识管理能力模糊测评结果

知识管理能力评价因素	权重系数	知识管理能力评价集					评价分数（最大隶属度原则）
知识技术环境支持能力 u_1	0.0400	0.1458	0.7084	0.1458	0.0000		70.84
知识管理系统的建设情况 u_{11}	0.5000	0.1667	0.7500	0.0833	0.0000		75.00
企业知识网络的建设及完备程度 u_{12}	0.5000	0.1250	0.6667	0.2083	0.0000		66.67
知识组织环境支持能力 u_2	0.0788	0.0693	0.6761	0.1417	0.0750	0.0373	67.61
组织结构的市场反应时间 u_{21}	0.0789	0.1250	0.6250	0.1250	0.0833	0.0417	62.50
组织对个人和团队的知识奖惩制度 u_{22}	0.2009	0.0417	0.6500	0.1417	0.0833	0.0833	65.00
组织文化对知识共享和创新的支持程度 u_{23}	0.2009	0.1250	0.7500	0.0833	0.0417	0.0000	75.00
组织人员的知识分享意愿 u_{24}	0.5193	0.0500	0.6667	0.1667	0.0833	0.0333	66.67
知识传播能力 u_3	0.1616	0.0613	0.7114	0.1415	0.0780	0.0077	71.14
知识扩散的技术状况 u_{31}	0.0557	0.0417	0.6667	0.1667	0.0833	0.0417	66.67
信息数字化和文件化程度 u_{32}	0.1298	0.0417	0.7083	0.1250	0.0833	0.0417	70.83
培训教育费用比率 u_{33}	0.1298	0.0833	0.7500	0.1250	0.0417	0.0000	75.00
人际与团队的沟通与互动状况 u_{34}	0.3423	0.0417	0.7083	0.1250	0.1250	0.0000	70.83

续表

知识管理能力评价因素	权重系数	知识管理能力评价集					评价分数（最大隶属度原则）
组织高层对知识扩散的重视程度 u_{35}	0.3423	0.0833	0.7083	0.1667	0.0417	0.0000	70.83
知识生产能力 u_4	0.3598	0.0721	0.7593	0.1059	0.0627	0.0000	75.93
组织员工学习能力 u_{41}	0.0557	0.1000	0.8000	0.1000	0.0500	0.0000	80.00
组织系统整合专业知识的能力 u_{42}	0.1298	0.0500	0.7500	0.1667	0.0333	0.0000	75.00
组织研究开发资源投入 u_{43}	0.1298	0.0667	0.8000	0.1000	0.0333	0.0000	80.00
组织激励创新机制 u_{44}	0.3423	0.0500	0.7000	0.1500	0.1000	0.0000	70.00
组织高层对知识转化的重视程度 u_{45}	0.3598	0.1000	0.8000	0.0500	0.0500	0.0000	80.00
知识应用能力 u_5	0.3598	0.0461	0.7470	0.1455	0.0616	0.0000	74.70
新产品（服务）被接受的时间 u_{51}	0.0469	0.0500	0.7500	0.1000	0.1000	0.0000	75.00
内部作业流程的效率变化度 u_{52}	0.1053	0.1500	0.7500	0.1000	0.0000	0.0000	75.00
对市场环境变化反应的时间 u_{53}	0.1053	0.0500	0.8000	0.1000	0.0500	0.0000	80.00
知识密集型产品创新的周期 u_{54}	0.2454	0.0250	0.7500	0.1500	0.0750	0.0000	75.00
组织高层对知识应用的重视程度 u_{55}	0.4971	0.0333	0.7333	0.1667	0.0667	0.0000	73.33
综合评价	$S = 100 \sum_{i=1}^{5} q_i w_i$			72.62			

得了较好的成效，具备了基本的知识管理能力。但是，从知识管理能力的维度来看，该公司在这五个方面的发展并不是非常均衡的（见图6.1），其中知识组织环境支持能力方面较其他方面稍显落后一些。

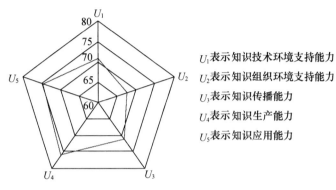

U₁表示知识技术环境支持能力
U₂表示知识组织环境支持能力
U₃表示知识传播能力
U₄表示知识生产能力
U₅表示知识应用能力

图6.1 H公司五个维度的知识管理能力评价

如果从更详细的二级指标评价情况（见图6.2）来看，大多数的结果处于70—80分之间，但仍然有一些指标如u_{12}、u_{21}、u_{22}、u_{24}、u_{31}等评价分值处于70分以下。这些指标主要是企业知识网络的建设及完备程度、组织结构的市场反应时间、组织对个人和团队的知识奖惩制度、组织人员的知识分享意愿和知识扩散的技术状况等，表明该企业在这些领域的知识管理能力方面还略显不足，有必要在今后的管理过程中予以关注和加强。

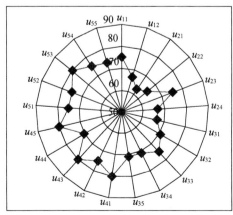

u_{11}-u_{12}表示知识技术环境支持能力的因素
u_{21}-u_{24}表示知识组织环境支持能力的因素
u_{31}-u_{35}表示知识传播能力的因素
u_{41}-u_{45}表示知识传播能力的因素
u_{51}-u_{55}表示知识传播能力的因素

图6.2 H公司知识管理能力的二级评价指标雷达图

结合此前对 H 公司知识管理的定性评价结果，可以发现定量评价的综合结果与之是一致的，但得到的结果更为精细和全面一些。由此可见，采用基于知识审计的知识管理能力的评价方法，并借助一定的定性和定量的方法，可以让我们对于企业知识管理实现过程和知识管理能力状况有一个清晰而明确的认识，并且对企业知识管理活动作出具有针对性的诊断。

第四节　本章小结

在本章中，本书主要运用知识审计的方法，结合实际案例对企业知识管理实现的能力进行定性和定量评估。知识审计的方法主要从知识的技术和组织环境因素支持能力两个方面以及从知识活动子系统的知识生产、知识传播和知识应用三个方面的能力对企业知识管理的能力进行评估，并根据这五个方面，设计了企业知识管理能力的评价指标体系，详细描述了21 个操作层面的内容及赋分标准，并利用层次分析法和模糊综合评价等数学方法，构建了企业知识管理能力评价模型。同时，以 H 公司的知识管理实践为例，以知识审计方法为依据，对企业知识管理能力进行定性与定量评价，从实践的角度进一步验证了知识环境因素支持下的企业知识管理实施模式的可行性和有效性。

在对 H 公司的知识管理能力进行定性与定量相结合的综合评价之后，我们不难看出，H 公司的整体知识管理能力是处于中等以上水平的，这在实施知识管理的企业中，其表现是可圈可点的。但尽管如此，并不能说明该公司的知识管理就是无可挑剔的。从该公司五维度和二级指标的雷达图我们可以看到，其知识管理能力的构成要素的发展是不均衡的，正如木桶原理（Cannikin Law）① 所描述的那样，一只木桶盛水

图 6.3　木桶原理

---

① 《木桶原理》［EB/OL］. http：//wiki. mbalib. com/wiki/% E6％9C％A8％E6％A1％B6％E5％8E％9F％E7％90％86。

的多少，并不取决于桶壁上最高的那块木板，而恰恰取决于桶壁上最短的那块木板。同样，对于企业的知识管理活动而言，其整体知识管理能力与水平的高低，并不取决于其最具优势的某一个或某几个突出的因素，而恰恰取决于该企业知识管理的薄弱环节。正是这些环节使企业许多知识资源被闲置甚至浪费，不能充分发挥其应有的作用，这些恰恰成为严重地影响并制约着企业知识管理发展的关键因素。

相似的情况也发生在华讯公司。华讯公司的一名员工由于与主管的关系不融洽，工作时的一些想法不能被肯定，而造成工作的积极性不高。恰巧摩托罗拉公司需要从华讯公司借调一名技术人员去协助他们做市场服务工作。于是，华讯公司的总经理在经过深思熟虑后，决定派这位员工去。这位员工很高兴，感觉有了一个施展自己才华的机会。在去摩托罗拉公司之前，总经理嘱咐那位员工："出去工作，既代表公司，也代表个人。怎样做，不用我教。如果觉得顶不住了，就打个电话回来。"一个月后，摩托罗拉公司打来电话："你派出的员工还真棒！""我还有更好的呢！"华讯公司的总经理在不忘推销公司的同时，着实松了一口气。这位员工回来后，部门主管也对他另眼相看，他自己也增添了自信。后来，这位员工对华讯公司的发展作出了很大的贡献。华讯公司的例子表明，注意对"短木板"的激励，可以使"短木板"慢慢变长，从而提高企业的总体实力。企业知识管理不能局限于个体或单因素层面的能力和水平，更应把所有的人融合在团队里，各因素科学配置，放在一个系统的框架下思考问题。因此，我们可以看出，对于木桶来说，木板的高低与否有时候不是个人问题，是组织和系统下的问题。

企业的知识管理活动就像是盛水的木桶，基于知识审计的企业知识管理能力的评价的目的，就是通过定性或定量评价，不断地发现这些企业知识管理中的关键制约因素（木桶中的短板），根据企业的自身发展情况，不断地提出提高"木桶"中"短板"的长度，或缩小其与木桶整体间差距的改善意见与对策，以期从整体上不断提升企业的知识管理能力，不断地补充和完善在此基础上所形成的企业核心竞争力与比较竞争优势。

第七章　企业知识管理的研究进展与前景展望

第一节　企业知识管理实现模式的主要进展

基于以上的研究和对国内外相关研究成果的综述，我们不难发现，目前企业知识管理实现模式的研究主要取得了以下几个方面的进展。

一、明确企业知识环境因素的作用和影响

在企业知识管理实现模式研究过程中，我们进一步明确了企业知识环境因素在其中产生的作用和影响，这是企业知识管理中的一个重要问题。对于这个问题，我们可以从知识分类的角度加以理解。知识一般可分为显性知识和隐性知识两类。就显性知识而言，我们把它作为研究对象，虽然通过编码化和成文化可以在组织知识库中将其沉淀下来，使其成为有形的知识资源加以管理，但是，知识的使用过程仍然离不开知识载体和使用知识的人员因素；特别是对于隐性知识，由于难以编码和成文化，所以对其实施直接和有效管理的难度非常大。可见，对知识本身，管理者并不能施加更多的影响，给予充分有效的管理，真正能够体现知识管理者的主观能动性的是它的环境因素。根据本书中的阐述，通过知识环境因素主要可以达到两个目的，其一是利用知识环境因素，从间接的角度实现对隐性知识的管理；其二是借助于知识环境因素，促使知识在企业人员之间、企业组织部门之间和业务流程之中有效的流动和共享。因此，当前企业知识管理的研究重点应该向企业的知识环境转移，使知识环境因素的管理问题成为

企业知识管理研究的核心。

二、确认知识活动系统在知识管理实现中的作用

知识环境因素在知识管理实施中的作用是通过知识活动系统来实现的。我们可以从知识的技术环境和组织环境两个方面具体剖析企业知识环境的作用和影响。它们的作用和影响集中表现在对企业知识管理能力的形成过程提供支持上面。但是，如何对知识管理实施过程提供支持，怎样发生作用，则主要是通过企业知识活动系统来实现。当然，在知识管理的导入阶段来看，从技术环境因素思考的知识管理的解决方案对企业而言是较为适合的。但是，随着企业知识量的增加和知识管理能力的不断提升，则在知识管理活动中可以注重不同环境因素对知识管理产生的影响，并且从不同的角度探索它们所发挥的作用，达到互为补充和相互促进的效果。因此，本书主张在知识管理较为成熟的企业，构建集成知识环境因素的知识生态管理实现模式。

三、知识审计是企业知识管理能力评价的有效方法

由于知识审计方法的对象与知识管理实施过程中涉及的对象都是知识管理的主体、客体和知识环境因素，这样在彼此间就建立起一种内在的必然联系。另外，知识审计的方法不仅可以从定性的角度对知识管理实施的能力进行分析与考察，在感性程度上对知识管理的实施状况作出一般性的模糊判断，而且可以借助一些定量的统计分析方法对企业知识管理能力作出理性的定量评价。同时，通过定性判断和定量评价结果的比较，达到相互印证、确保评价结果相对准确的目的。正是由于这样的原因，可以说基于知识审计的评价方法是企业知识管理能力评价的一种有效方法。

第二节　企业知识管理实现模式的前景展望

当前，知识管理研究正在从理论的构建与完善，逐渐转向实践的应用与实施之中。在这个过程中，要求知识管理模式不仅具有理论的先进性，而且应该具有实践的操作性。本书的研究正是基于上述思想而提出来。本书研究过程中得到的一些主要结论，更多的是从理论探索的角度提出了一些诸如知识环境因素和知识流程再造的观点，其中难免存在主观判断的内容，书中的案例也只有 H 公司一家，缺少广泛的事实对于该理论的有力支持，特别是来自于我国企业知识管理实践的实证数据的支撑和实践应用过程的检验，从而在一定程度上降低了该理论的可靠性和价值。为此，为了确保该理论的科学性和应用价值。另外，本书的研究内容仍然仅限于企业内部知识环境因素的作用和影响的分析，而对于企业而言，其知识资源不仅来自于企业内部，而且更多地来自于企业外部，特别是来自于企业的供应商、销售商、客户以及战略伙伴等，这些知识资源的外部环境因素构成有别于企业内部的知识环境因素，要更为复杂一些，而基于这些环境因素的知识管理研究将对我国技术密集型的企业实施自主创新战略，以及这些企业所在产业竞争能力的不断提升与发展提供思路和对策。这些都是有待于进一步深入研究的主题。

因此，以上这些内容有待于在今后的研究工作中不断加以补充和完善。同时，也希望本书的研究成果，能够为当前我国企业的知识管理实施工作产生些许的启发和帮助。

参 考 文 献

1. 陈锐:《公司知识管理》,山西经济出版社 2000 年版。

2. APQC. Measuring the Impact of Knowledge Management: International Business Machines (IBM) [EB/OL]. http://www.ibm.com. 2003.

3. 杨春立:《产品知识管理系统研究》,大连理工大学博士论文,2004 年 12 月。

4.《世界知识管理发展历程、杰出代表人物和理论特点》[EB/OL]. http://www.southen.com/edu/zhuanti/knowledge/focus/200211291788.htm,2002.11.21。

5. Bassi, L. J. Hamessing the power of intellectual capital [J]. Training and Development, 1997, 51 (12): 25 - 30.

6. P. Quintas, P. Lefrere and G. Jones. Knowledge management: a strategic agenda [J]. Long Range Planning, 1997, 30 (3), 385 - 391.

7. Wiig, K. Knowledge management: Where did it come from and where will it go? [J]. Expert Systems with Applications. Pergamon Press/Elsevier, Vol. 14, Fall 1997.

8. [美] 维纳·艾莉:《知识的进化》,珠海出版社 1998 年版。

9. [美] 卡尔·弗拉保罗著,徐国强译:《知识管理》,华夏出版社 2004 年版。

10. [美] 达文波特:《营运知识的管理》,江西教育出版社 1999 年版。

11. [美] 比尔·盖茨:《未来时速》,北京大学出版社 1999 年版。

12. AMT 研究院: 《环境培育知识共享》 [EB/OL]. http://www.amteam.org/ static/54598.html。

13. AMT 研究院、安巍：《知识与知识环境》［EB/OL］. http：//www. amteam. org/static/81/81650. html，2005 - 11 - 25。

14. 蒋云尔：《企业知识管理的环境探析》，《学海》2002 年第 4 期。

15. 胡义、张红、胡晓灵：《知识管理的运作环境及对策研究》，《科技进步与对策》2002 年第 7 期。

16. 中国协同知识管理网：《如何实施企业知识管理》［EB/OL］. http：//www. ckmchina. com/ htm/zsglinfo. asp，2003/ 01/ 07。

17. 张建华、刘仲英：《知识管理环境营建策略》，《科学管理研究》2003 年第 5 期。

18. KPMG. Insights from KPMG's European Knowledge Management Survey 2002/2003.

19. Ulrich Remus and Stephan Schub. A Blueprint for the Implementation of Process - oriented Knowledge Management ［J］. *Knowledge and Process Management*，2003，Vol. 10，No. 4，237 - 253.

20. Ronald Maier and Ulrich Remus. Defining Process - oriented Knowledge Management Strategies ［J］. *Knowledge and Process Management*，2002，Vol. 9，No. 2，103 - 118.

21. Sandra Moffett，Rodney McAdam and Stephen Parkinson. Developing a Model for Technology and Cultural Factors in Knowledge Management：a Factor Analysis ［J］. *Knowledge and Process Management*，2002，Vol. 9，No. 4，237 - 255.

22. Nikolaos Mylonopoulos，Haridimos Tsoukas. Technological and Organizational Issues in Knowledge Management ［J］. *Knowledge and Process Management*. 2003，Vol. 10，No. 3，139 - 143.

23. Gold，Malhotra & Segars. Knowledge Management：an Organizational Capabilities Perspective ［J］. *Journal of Information Management Systems*，2001，(18).

24. 郭彦文、徐盈之：《现代服务业知识管理能力综合评价模型研究》，《广东经济管理学院学报》2006 年第 5 期。

25. 詹延遵、凌文辁、郑奔：《广州高新技术企业知识管理能力建设实证分析》，《科技管理研究》2006 年第 11 期。

26. 余利明:《企业知识管理能力问题的研究》,复旦大学博士学位论文,2003年。

27. 郑庆华、刘存后:《企业知识管理能力的模糊语言评估》,《统计与决策》2007年第7期。

28. 彭理莉、王国顺:《企业知识管理能力成熟度评价模型的研究》,《长沙铁道学院学报》(社会科学版)2007年第1期。

29. Zhang M. J.. CMM – SW and ISO9001 – The Ending of the Hero Era [EB/OL]. June 2001. http://www. emoxie. com/whitepapers/ CMM and ISO90012v2. html, 2004211210.

30. Ehms K., Langen M. Holistic Development of Knowledge Management with KMCMM. Siemens AG, 2002 [EB/OL]. http://www. dbai. tuwien. ac. at/staff/dorn/, 2004211210.

31. 王众托:《系统工程引论》,电子工业出版社1991年版。

32. 王众托:《知识系统工程》,科学出版社2004年版。

33. 刘则渊:《现代科学技术与发展导论》,大连理工大学出版社2002年版。

34. S. E. South. Competitive Advantage: The Cornerstone of Strategic Thinking [J]. *Journal of Business Strategy*, 1 (Spring), 1981, 16.

35. 侯鸿翔:《知识经济、知识管理与变化中的企业经营战略》,《地质技术经济管理》2000年第5期。

36. American Productivity & Quality Center. Community of Practice Report. APQC's Work in Knowledge Management, 2000.

37. 李凤云:《基于新型企业观的知识流管理》,《中国质量》2004年第2期。

38. 张润彤、曹宗媛、朱晓敏:《知识管理概论》,首都经济贸易大学出版社2005年版。

39. 邱均平等:《知识管理学》,科学技术文献出版社2006年版。

40. 徐家俊:《知识管理的建设和实施策略》[EB/OL]. http://info. feno. cn/ 2007/120704/ c000065592. shtml。

41. Baimin Suo, Jiabin Wang. Knowledge Environment Management: A Solving Sheme of Knowledge Management. Industrial Engineering and Engineer-

ing Management in the Global Economy. Edited by Qinhai Ma, et al. The Proceedings of the 11th International Conference on Industrial Engineering and Engineering Management. China Machine Press, 23 – 25 April 2005. pp. 1215 – 1219.

42. 胡义、张红等：《知识管理的运作环境及对策研究》，《科技进步与对策》2002 年第 7 期。

43. Developing the KM environment［EB/OL］. http：//www. nelh. nhs. uk/Knowledgemanagement/ km2/developing. asp.

44. Thomas H . Davenport, Laurence Prusak, *Working Knowledge – how Organization Manage What They Know*［M］. Harvard Business School Press, Boston, 1998.

45. 李玉琼、邹树梁：《知识管理技术进化历史探析》，《情报杂志》2002 年第 2 期。

46. Liebowitz J. *Knowledge Management Handbook*［M］. Boca Raton：CRC Press LLC, 1999.

47. 李国强：《知识仓库技术及其应用》，《现代情报》2002 年第 6 期。

48. 樊治平等：《知识管理研究》，东北大学出版社 2003 年版。

49. Rasmus, D. W. Mind Tools：Connecting to Groupware［J］. PC AI, Sept/Oct, 1996, 32 – 36.

50. 王德禄：《知识管理的 IT 实现——朴素的知识管理》，电子工业出版社 2003 年版。

51. 索柏民等：《知识管理应用技术及实施中的问题》，《中国科技论坛》2005 年第 3 期。

52. 曾国安：《战略市场营销》，东北财经大学出版社 2001 年版。

53. Suyeon Kim, Hyunseok Hwang and Euiho Suh. A Process – based Approach to Knowledge – flow Analysis：a Case Study of a Manufacturing Firm［J］. *Knowledge and Management*, 2003, Vol. 10, No. 4：260 – 276.

54. Zhuge. H. Knowledge Flow Management for Distributed Team Software Development［J］. *Knowledge – Based System*, 2002, Vol. 15, No. 8：465 – 471.

55. Fang S – C, Lin J – L, Hsiao LYC, Huang C – M, Fang S – R. The

Relationship of Foreign R&D Units in Taiwan and the Taiwanese Knowledge – flow System [J] . *Technovation*, 2002, Vol. 22, No. 6: 371 – 383.

56. Echeverri – Carroll E. L. Knowledge Flows in Innovation Networks: a Comparative Analysis of Japanese and US High – technology Firms [J]. *Journal of Knowledge Management*, 1999, Vol. 3, No. 4: 296 – 303.

57. Baumard P. Tacit knowledge in Professional Firms: the Teachings of Firms in very Puzzling Situations [J] . *Journal of Knowledge Management*, 2002, Vol. 6, No. 2: 135 – 151.

58. Foss N. J. , Pedersen T. Transforring Knowledge in MNCs: the Role of Sources of Subsidiary Knowledge and Organizational Context [J] . *Journal of International Managements*, 2002, No. 1: 49 – 67.

59. Gupta A. K. , Govindaraian V. Knowledge Flows Within Multinational Corporations [J] . *Strategic Management Journa*, 2000, Vol. 21, No. 4: 473 – 496.

60. Schulz M. , Jobe L. A. . Codification and Tacitness as Knowledge Management Strategies: an Empirical Exploration [J] . *Journal of High Technology Management Research*, 2001, Vol. 12, No. 1: 139 – 165.

61. Shin M. , Holden T. , Schmidt R. A. From Knowledge Theory to Management Practice: Towards an Integrated Approach [J] . *Information Processing and Management*, 2001, Vol. 37, No. 2: 335 – 355

62. Preiss. K. Modeling of Knowledge Flows and Their Impact [J]. *Journal of Knowledge Management*, 1999, Vol. 3, No. 1: 36 – 46.

63. Yeon S – I, Suh E – H, Kim S – Y. A Study on Knowledge Map Development Methodology Focused on Knowledge Acquisition [J] . *IE Interfaces*, 2000, Vol. 13, No. 1: pp. 37 – 43.

64. Nonaka I. , Takeuchi H. *The Knowledge – creating Company: How Japanese Companies Create the Dynamics of Innovation?* [M] . Oxford University Press: New York, 1995.

65. Ulrich Remus and Stephan Schub. A Blueprint for the Implementation of Process – oriented Kowledge Management [J] . *Knowledge and Management* 2003, Vol. 10, No. 4: 237 – 253.

66. 索柏民、庞效众、东风:《论技术创新中的知识传播机制》,《沈阳师范大学学报》（自然科学版）2007 年第 1 期。

67. 刘则渊、韩震：《知识活动系统与大学知识管理》，《大连理工大学学报》（社会科学版）2003 第 2 期。

68. 博锐管理沙龙：《知识管理：资源、能力与核心竞争力》［EB/OL］. http：//www. hotkm. net/kb/entry. jspa？ entryID ＝ 340&categoryID ＝ 62，2005 － 6 － 24。

69. Cohen，W. M.，& Levinthal，D. A. Absorptive Capacity：A New Perspective on Learning and Innovation ［J］. *Administrative Seience Quarterly*，35：12 － 152. 1990.

70. T. Davenport，L. Prusak (1998)，Working Knowledge：How Organizations Manage What They Know ［M］. Boston：Harvard Business School Press，1998 and Innovation，*Administrative Science Quarterly*，35 (1)，128 － 152.

71. Nonaka，Takeuchi. *The Knowledge Creating Company* ［M］，New York：Oxford University Press，1995.

72. R. Grant (1995)，A Knowledge － based Theory of Inter － firm Collaboration ［J］. *Academy of Management*. Best Paper Proceedings，17 － 21.

73. 马勤：《企业知识管理能力与竞争优势的关系研究》，湖南大学硕士学位论文，2006 年。

74. 李灵稚：《现代服务业知识管理能力研究——以江苏省为例》，南京理工大学博士学位论文，2007 年。

75. Chiesa V.，Coughlan P.，Voss C. A. Development of a Technical Innovation Audit ［J］. *Journal of Production Innovation Management*，1996 (13)：105 － 136.

76. 陈劲、余芳珍：《技术创新 SPRE 审计模型及其应用研究》，《研究与发展管理》2006 年第 5 期。

77. David Skyrme. Measuring the Value of Knowledge：Metrics for Knowledge Based Business ［J］. *Business Intelligence*，London. 1998.

78. Wiig K. M. 1993. In *Knowledge Management Handbook*，Liebowitz J. (Ed.). CRC Press：London，1999.

79. 樊治平、孙永洪：《基于 SWOT 分析的企业知识管理战略》，《南开管理评论》2002 年第 4 期。

80.《知识管理策略是商业策略》［EB/OL］.http：//www.ebwh.cn/2006－3/200633114226.htm。

81. 林榕航：《知识管理原理：从传统管理迈向知识管理的理论与实现》，厦门大学出版社 2005 年版。

82. Jay L.，Bonnie R. M.，Doug McCaw. The Knowledge Audit. ［2006－09－28］.http：//userpages.umbc.edu/buchwalt/papers/KMaudit.htm.

83. 程娟：《知识审计研究》，《图书情报工作》2007 年第 11 期。

84. 祁延莉、冯静：《知识管理专题之二：知识管理以知识审计为基础》［EB/OL］. http：//industry.ccidnet.com /pub/ article/c1163 _ a59404_ p1.html。

85. Debenham J.，Clark J. The Knowledge Audit ［J］. *Robotics and Computer Integrated Manufacturing Journal* 1994，11（3）：201－211.

86. Kai Mertins，Peter Heisig and Jens Vorbeck：《知识管理——原理及最佳实践》，清华大学出版社 2004 年版。

87. 奉继承：《知识管理：理论、技术与运营》，中国经济出版社 2006 年版。

88. Paramasivan T. Knowledge Audit ［J］. *The Chartered Accountant*，2003，52（5）：498－506.

89. 盛小平、刘泳洁：《知识审计在企业核心竞争力识别中的应用》，《情报理论与实践》2007 年第 6 期。

90. Ann Hylton. A KM Initiative is Unlikely to Succeed Without a Knowledge Audit. http：// www.annHylton.com.

91. Hylton A. Measuring & Valuing Knowledge：The Role of the Knowledge Audit ［EB/OL］. ［2007－04－10］.http：//knowledge management. It toolbox.com /pub/EK072202.pdf.

92. Patricia M. Norman. Knowledge Acquisition，Knowledge Loss，and Satisfaction in High Technology Alliances ［J］. *Journal of Business Research*，2004，57：610－619.

93. Kun Chang Lee，Sangjae Lee and In Won Kang. Measuring Knowledge Management Performance ［J］. *Information & Management*，2005.

94. 王君、樊治平：《组织知识绩效的一种综合评价方法》，《管理工程学报》2004 年第 2 期。

95. T. 达文波特：《知识管理的十项原则》［EB/OL］. http：//www. cko. com. cn/web/articles/km/2/ 20020408/ 2，6，0. html。

96. 王代潮等：《企业知识管理——理论与实务》，中国大百科全书出版社 2006 年版。

97. 杜栋、庞庆华：《现代综合评价方法与案例精选》，清华大学出版社 2005 年版。

98. 汪克强等：《营运知识的智慧：百家中外企业知识管理的实践与探索》，中国科学技术大学出版社 2003 年版。

99. 《木桶原理》 ［EB/OL］. http：//wiki. mbalib. com/wiki/% E6% 9C% A8% E6% A1% B6% E5% 8E% 9 F% E7% 90% 86。

后　　记

当我完成本书最后一部分，掩卷舒展一下疲倦的身体的时候，窗外已是晨光熹微。打开窗户，透进室内的是乍寒还暖的春风，让我感受到的是寒冷的冬天即将过去，充满希望、朝气和绚丽多彩的春天就要来临，就像这本书一样，虽然写作的过程充满了艰辛和痛苦，但完成之后的欣喜与舒畅是难以形容的，是其他任何愉快的事情都难以比拟的。

回望数载点点滴滴的岁月痕迹，虽然有的已经在时间的风霜雪雨中褪去了原有的颜色，但刻画在心头的丝丝印迹却随着时光的流逝而历久弥新，不经意间就随着某个偶然事件而一幕幕地重新浮现在眼前：我的恩师刘则渊教授谆谆教诲的话语，恍如仍在耳畔；治学严谨的作风如暗夜中明亮的灯塔，指引着我学术上前行的路；不论是学业还是生活上无微不至的关怀和帮助，弥漫着浓浓的亲情。我对恩师的感激之情是难以用简单的言语来表达的，这一切无时不在潜移默化地影响着我，使我受益终身，鞭策我努力向前。

本书的内容集中反映了我的博士论文的主体思想，并在此基础上增加了一些完成博士论文之后的思考，知识活动系统在知识管理系统分析框架中的地位和作用；知识审计的理论和方法如何与知识管理能力的评价建立起更为紧密的联系；知识管理能力是特色能力还是整体能力，能否用木桶原理对其加以解释和说明，等等。因此，本书力求在现有关于知识管理理论研究的基础之上，能够有些许的发展与突破，为知识管理理论与实践的更紧密结合做出一些微不足道的贡献。当然，这些略含新意的想法与观点的出炉，也要感谢在博士学习期间受到大连理工大学王前教授、王续琨教授、刘元芳教授、王子彦教授的热切关怀和无私点拨，感谢与姜照华教授、我的硕士导师白文韬教授、沈阳师范大学王家斌教授和高晶副教授等老师就其中的一些问题所作的深度探讨以及他们提出的许多宝贵而又有益的意见。同样，在记忆的片断中，难以忘怀的还有同窗苦读的各位兄弟姐妹，师兄徐雨森、张晓鹏、金福，师弟（妹）杨中楷和史宪睿等，他们在我的这部论著完成过程中，从主要观点到文章的字句，都曾提出过非常中肯的意见和建议，给予了很多无私的帮助，使我从中受益匪浅。当然，我也要感谢我的父母、爱妻和可爱的女儿阳阳，几年来，他们的支持和鼓励成为我精神上最大的动力，我将把该书作为一份珍贵的礼物献给深爱着我和我深爱着的父母和家人！

　　尽管这部书的出版付出了巨大的努力，但仍然有一些不尽如人意之处。其中一些内容略显稚嫩和粗浅，不够成熟，个别研究方法客观性不足等，都需要进一步改善。总之，希望本书的读者能够在阅后给予批评指正。

　　　　　　　　　　　　　　　　　　　　　　　　　索柏民

　　　　　　　　　　　　　　　　　　　　2009 年 3 月 28 日于沈阳